装丁

第一冊　一丁　オモテ（岸崎序）

熟古今ノ稽を考るくに夫天地初発
むしられの両高天ノ原く化出られの
裸聖ノ御名を夫御中主神宝也
中次其裸もの七代とのうすて伊佐
奈岐伊佐奈美ノ二人ハ裸桐婁して
一女三男を産ちさ別ハせなり其一
女天照大神を天ノ御伍ノ神の初そて
き打乃尹代守加宜布波所和演乃

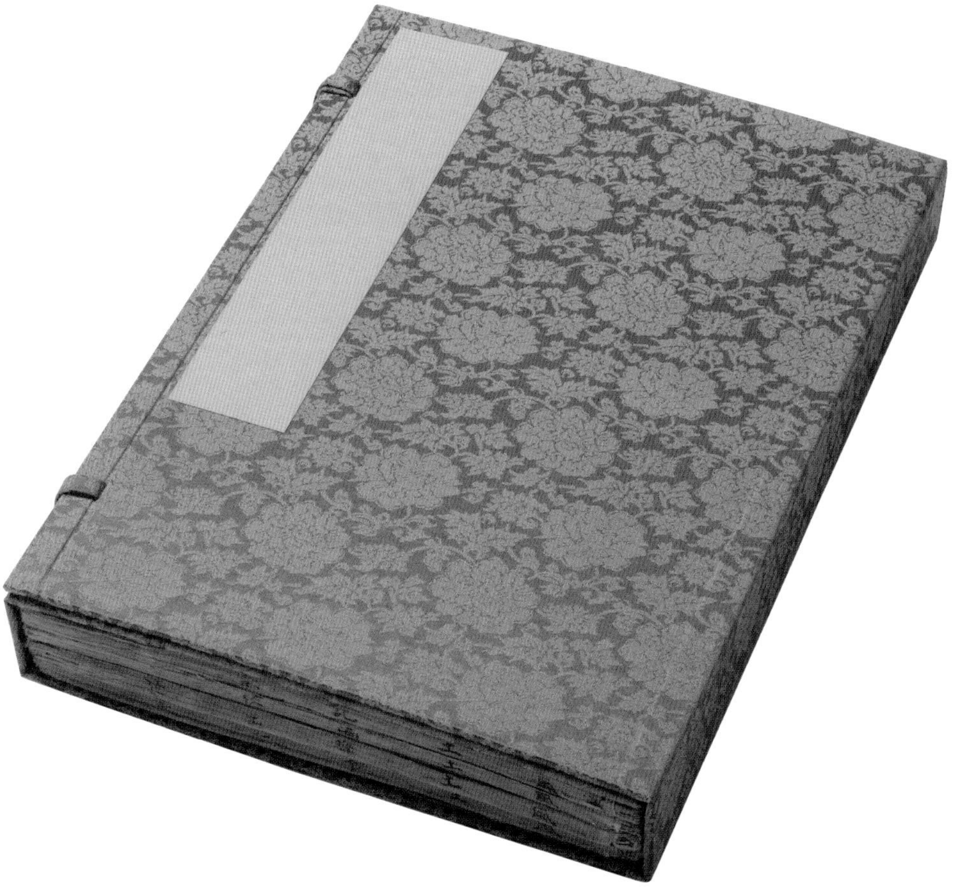

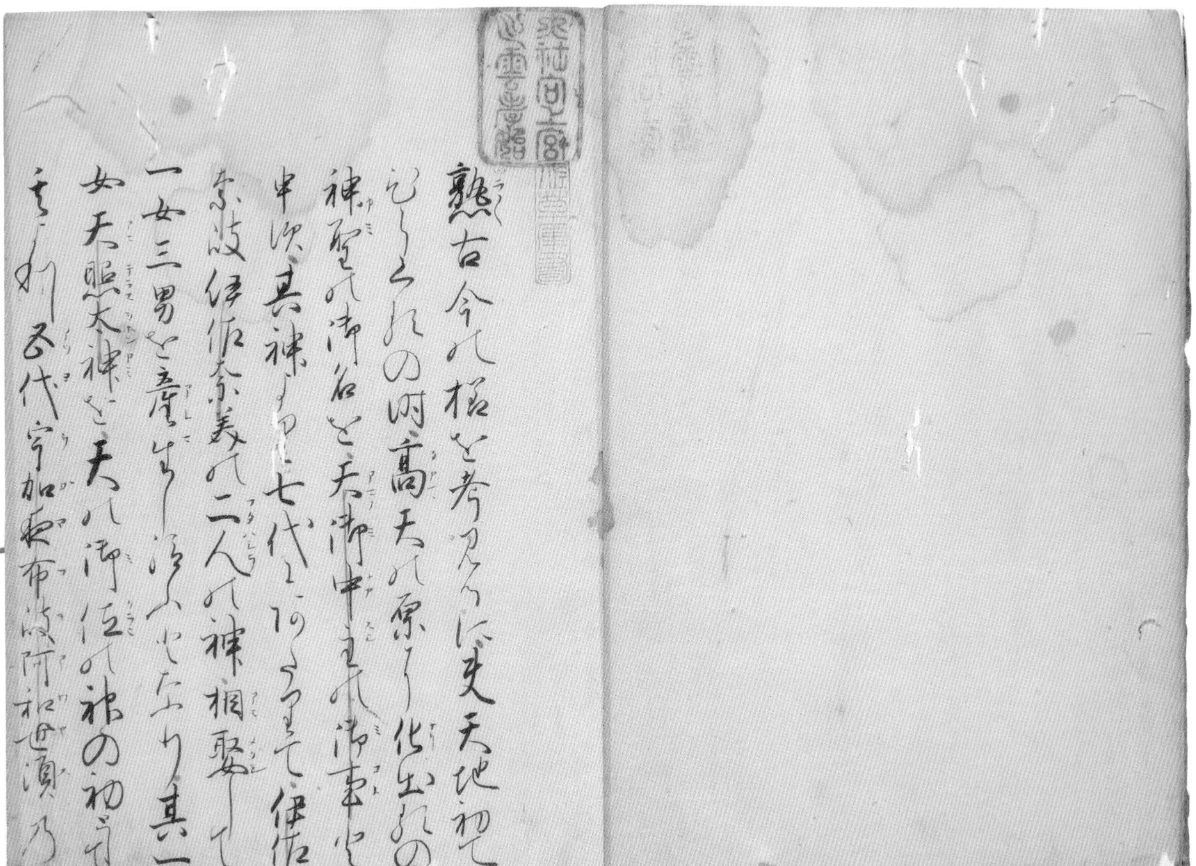

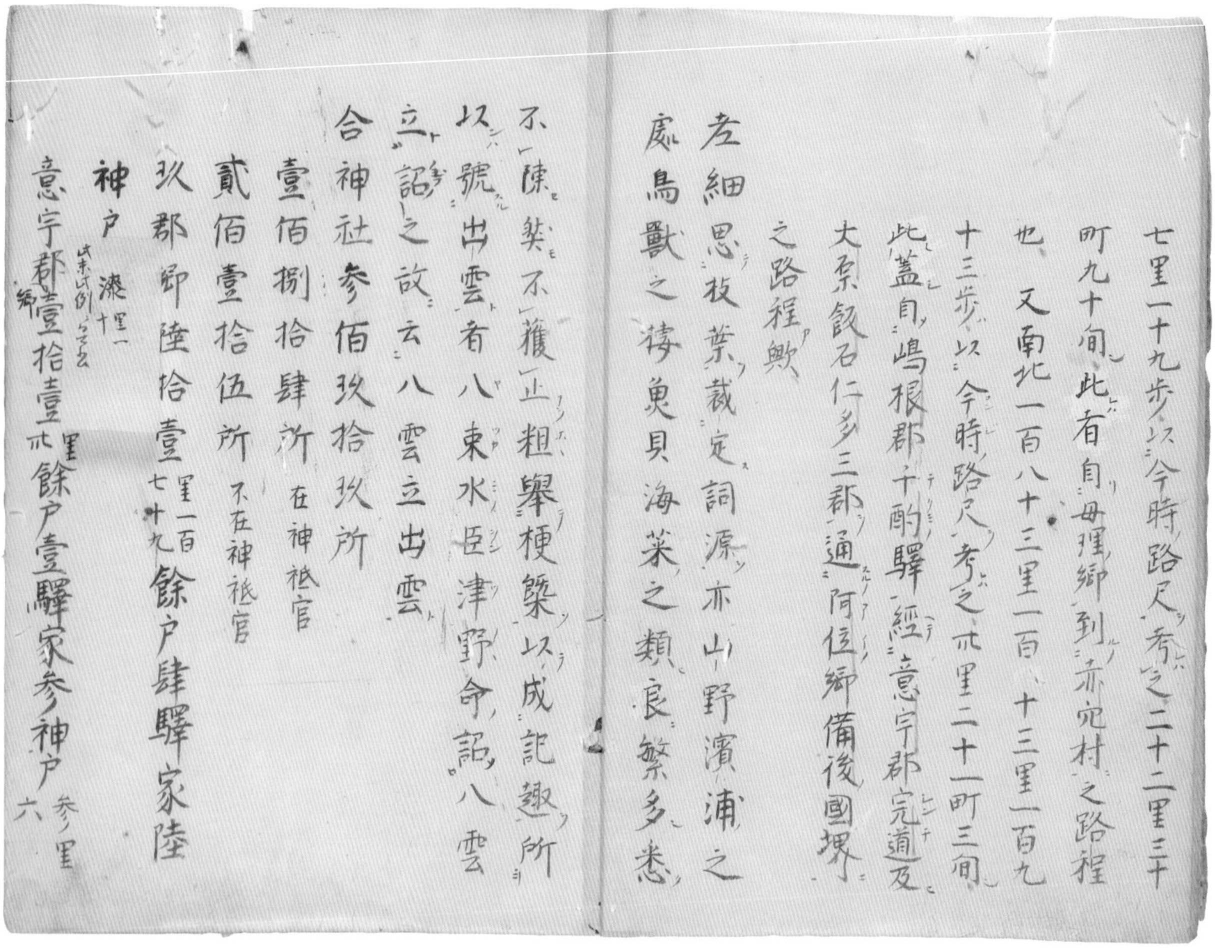
七里一十九歩以今時路尺考之二十二里三十
町九十間此有自母理郷到赤完村之路程
也　又南北一百八十三里一百　十三里一百九
十三歩以今時路尺考之卅里二十一町三間
此蓋自嶋根郡千酌驛經意宇郡完道反
大原飯石仁多三郡通阿位郷備後國堺
之路程歟
右細思枝葉裁定詞源亦山野濱浦之
處鳥獸之棲魚貝海菜之類良繁多悉
不陳然不獲止粗舉梗槩以成記趣所
以號出雲者八束水臣津野命詔八雲
立詔之故云八雲立出雲
合神社参佰玖拾玖所
壹佰捌拾肆所　在神祇官
貳佰壹拾伍所　不在神祇官
玖郡郷陸拾壹　里一百七十九　餘戸肆驛家陸
神戸　濨里一
意宇郡郷壹拾壹　里卅三　餘戸壹驛家参神戸　参里六

第一冊　七丁　オモテ〈付箋あり〉

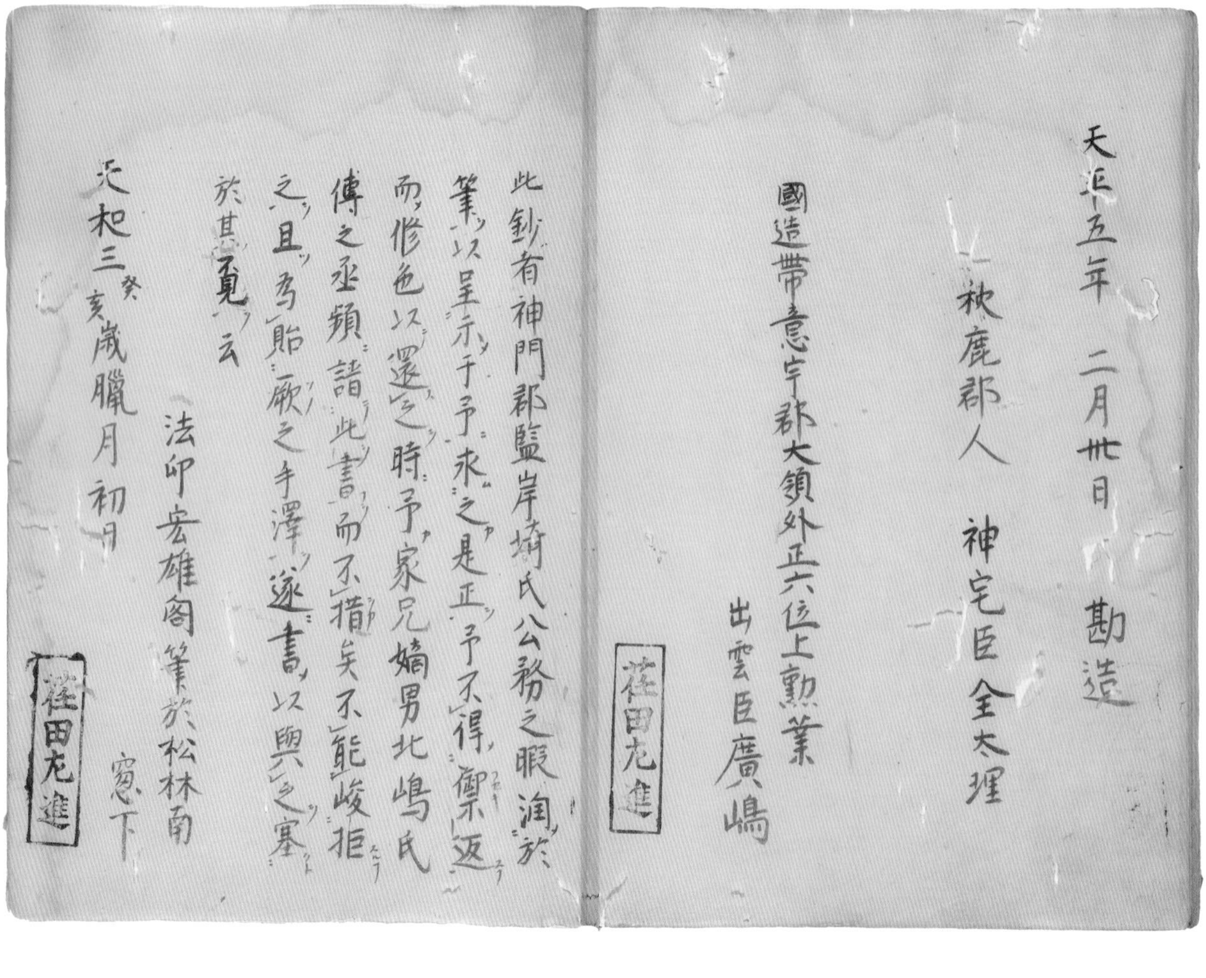
天平五年　二月卅日　勘造
秋鹿郡人　神宅臣全太理
國造帯意宇郡大領外正六位上勲業
出雲臣廣嶋
荏田充進
此鈔者神門郡監岸埼氏公務之暇润於
筆以呈示于予求之是正予不得辭返
而脩色以還之時予家兄嫡男北嶋氏
傳之丞頻請此書而不措矣不能峻拒
之且為貽厥之手澤遂書以與之塞
於其覓云
元和三癸亥歳臘月初日
法印宏雄閣筆於松林南
窓下
荏田充進

第四冊　五十丁　オモテ（宏雄跋）

序

島根県内の各地域には、幅広い時代からなる歴史文化遺産が数多く存在しています。こうした島根の歴史文化を体系的に調査研究し、その成果を地域に還元して歴史文化を活かした地域づくりを進め、また歴史文化による県の認知度向上につなげていくために、平成四年（一九九二）に古代文化センターを設置し、様々な調査研究及び情報発信を進めてきたところです。

古代文化センターの風土記調査研究事業では、全国の風土記のうち、唯一完全に近い内容を伝える出雲国風土記について、平成五年（一九九三）から、全国に所在する約二〇〇点の写本（出雲風土記鈔・出雲風土記解等を含む）の調査研究を進めています。そのうち、所蔵者の許可を得た写本については写真撮影を行い、県民の皆様や研究者の方が閲覧できるように、画像データ等を古代文化センターで保管しています。また、出雲国風土記写本の収集にも努めており、収集した写本は古代出雲歴史博物館で保管し、随時展示を行っています。

このたび、古代文化センターではこれまでの調査研究と活用の一環として、古代出雲歴史博物館が所蔵する出雲風土記鈔の影印本を刊行する運びとなりました。

江戸時代前期につくられた出雲風土記鈔は、出雲国風土記全体について、本文校訂や詳細な注釈をほどこした最初の注釈書として知られています。著者である岸崎佐久次は松江藩の役人として、出雲国風土記登場地の緻密な現地調査と地名比定を行っており、現代まで連なる出雲国風土記の研究の原点ともいえます。とりわけ古代出雲歴史博物館が所蔵する出雲風土記鈔の写本は、岸崎の求めに応じて添削を行った松林寺宏雄の手元にあった本である可能性が高く、多数の添削の跡が確認できるなど、出雲風土記鈔の成立を考える上で非常に貴重な史料です。

この影印本の刊行を機に、研究者や県民の皆様が、出雲国風土記をさらに研究・活用いただくことを期待しています。

令和三年三月

島根県教育委員会
教育長　新　田　英　夫

例言

一、本書は、島根県教育委員会が所有し、島根県立古代出雲歴史博物館が保管する岸崎佐久次（時照）著『出雲風土記鈔（雲州風土記）』（以下、本写本）を影印したものである。

一、本写本の外題には各冊とも「風土記」、また第一冊内題に「雲州風土記」とあるが、一般に「出雲風土記鈔」「出雲風土記抄」「出雲風土記俗解鈔」などと称される書物の一つであることから、本書では『出雲風土記鈔（雲州風土記）』と呼称する。

一、影印は白紙も含め、現状に従いすべての頁を収録した。見開き一丁を上・下段に配置し、原則として原本の約四〇％に縮小した。

一、柱には冊、丁、表裏を掲げた。オはオモテ、ウはウラの略である。また記載されているのが、『出雲国風土記』の巻首・各郡・巻末のどこに当たるかについて、見出しの形で表示した。

一、解説編として、出雲風土記鈔の成立と諸本については、大日方克己氏に執筆いただいた。また、書誌情報や塗抹等については岡宏三が執筆した。

一、本写本を島根県教育委員会が所有するに至った経緯については、解説編の岡論考を参照のこと。

一、各冊の呼称については第一冊、第二冊…とした（但し岡論考では一冊目、二冊目と呼称している）。

一、本書は、島根県古代文化センターの風土記調査研究事業の成果の一部である。

一、本書の編集は、平石充・久保田一郎・岡・吉永壮志・野々村安浩・橋本剛の協力を得て、吉松大志が行った。

〔本事業担当者〕
吉松　大志（島根県古代文化センター主任研究員）
平石　充（　同　主席研究員）
久保田一郎（　同　専門研究員）
吉永　壮志（島根県立古代出雲歴史博物館主任学芸員）
野々村安浩（島根県古代文化センター特任研究員）
橋本　剛（　同　特任研究員）

〔解説編執筆者〕
大日方克己（島根大学法文学部教授）
岡　宏三（島根県立古代出雲歴史博物館専門学芸員）

目次

出雲風土記鈔　影印 ……………………………… 1
出雲風土記鈔　解説
『出雲風土記抄』の成立と諸本 ……………… 大日方克己 103
書誌解題と塗抹等一覧 ……………………… 岡　宏三 117

出雲風土記鈔　影印

第一冊　表紙

第一冊　表見返し

第一冊　扉　オ（内題）

第一冊　扉　ウ

第一冊　遊紙　オ

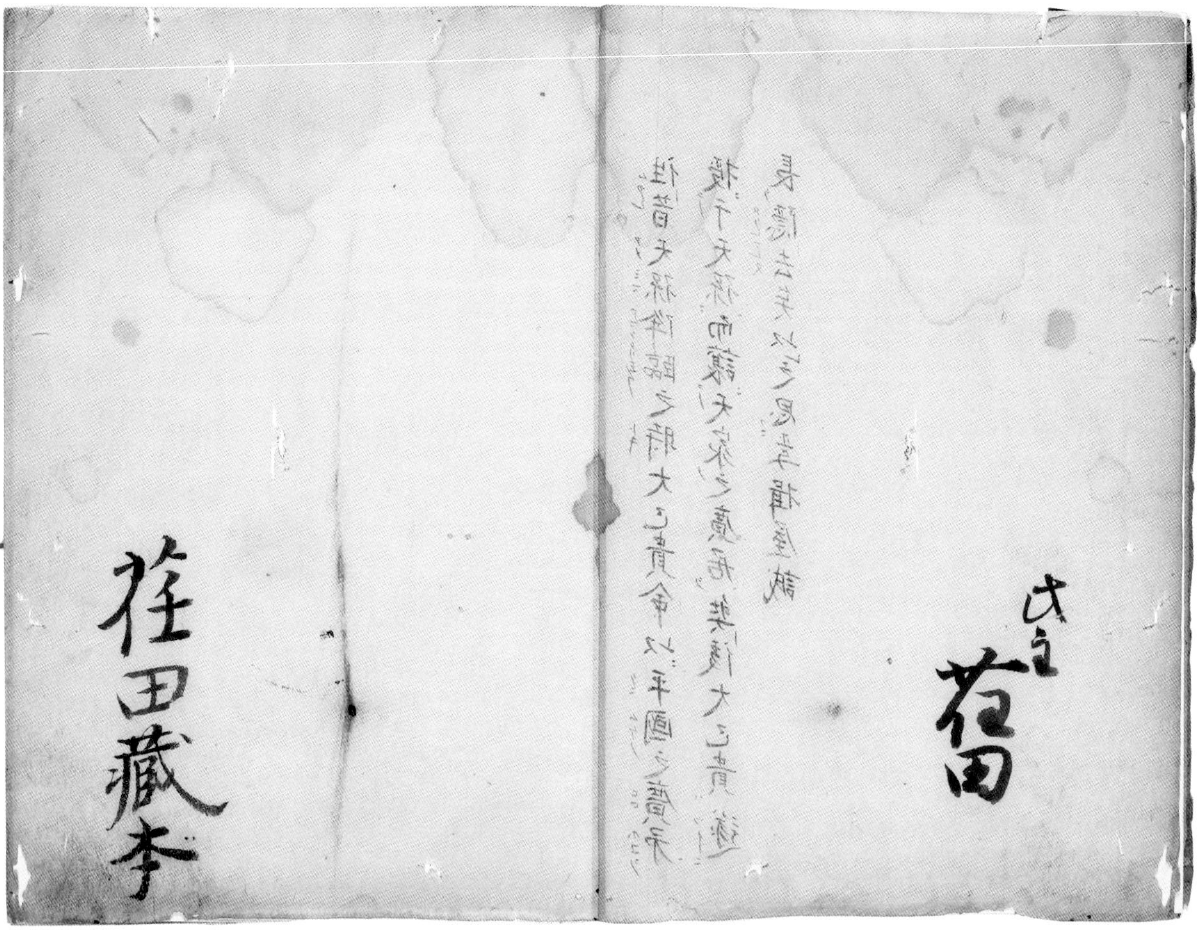

第一冊　遊紙　ウ

第一冊　一　オ（岸崎序）

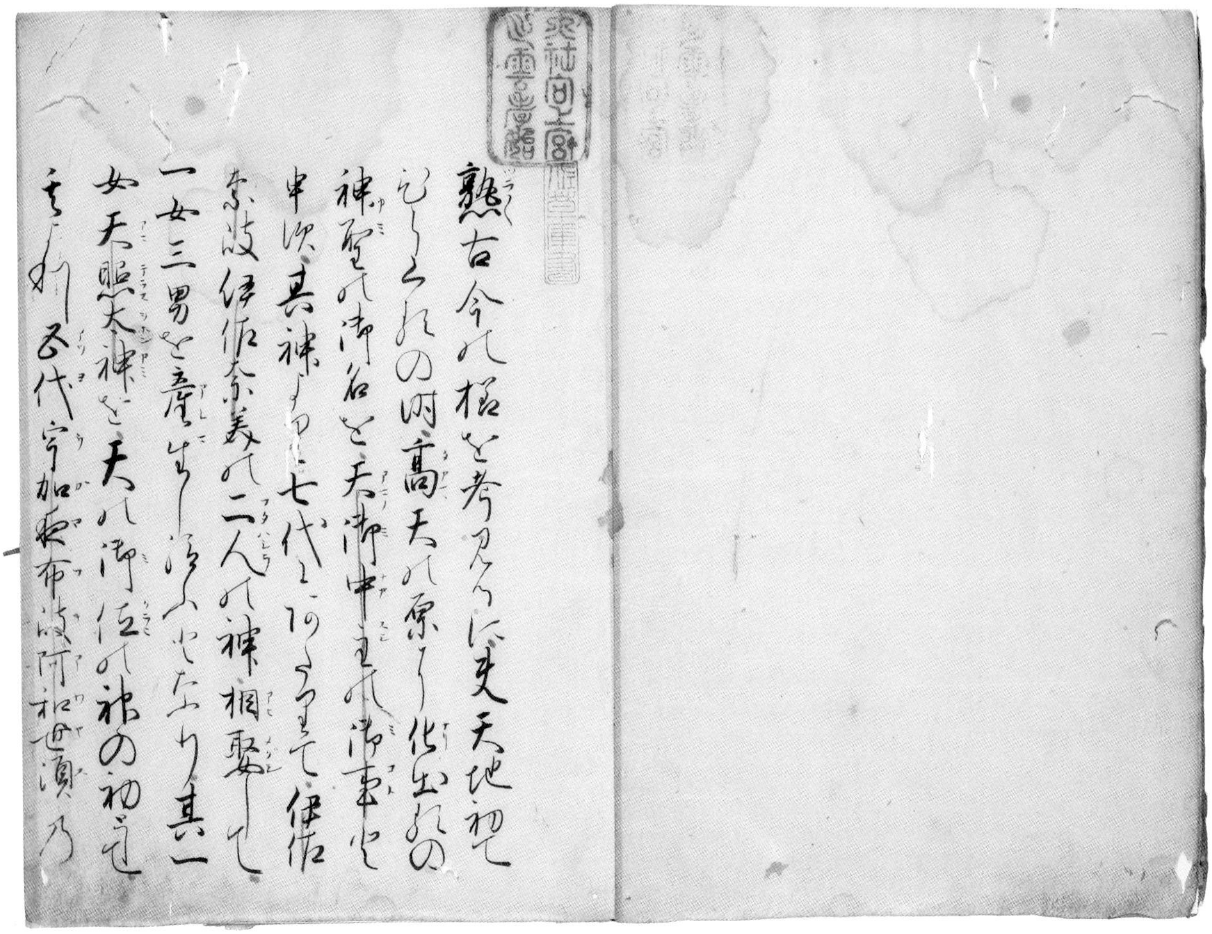

第一冊　一ウ

神の御子神武天皇と申し奉る位の初を
ひらきたまひつゝ今の御帝まて天照太神
の御神流にあらせられ給ふ事なし　又天
照太神の弟月弓の命ハ天照太神に従ひ
奉りて政をたすけ給ひし御事也　其次素
盞嗚乃命を同しく職に御坐なく
執行ハし給ひ今の攝政《セツシヤウ》のことく補佐し
又天照太神の弟須佐能袁命ニて御子
大己貴神まて二代なり　天下の大事の

第一冊　二オ

ことをしろしめされ給ひて代々の将軍家の初
めにして武家よりハよく崇ひ奉れるも
御神申しされ奉りや　亦天孫尓尓杵の
命に天下の大事を御譲り奉りて大己
貴命ハ出雲の國のミ御領したまひ
天穂日の命を祭らせ給ひし　杵築大社
また其天穂日命ハ乃國造の遠御
祖なり　然則大社ハ出雲一國の一の
神なり　然して其後一國を領せる神人

第一冊　二ウ

中比よりの戦許りや　代々尼子氏富
田の城にありて出雲の國を守れり　其
次毛利元就芸州廣嶋の城にありて
此國を治む　其後のはしめ堀尾帯刀
高晴朝臣吉晴公同出雲守同忠氏
父子共に富田にありて雲隠両國を治む
同山城守同忠晴祖父帯刀と相議
して慶長拾二年松江に城を移して
寛永十癸酉のとしまて山城守二代を領せし

第一冊　三オ

其次京極若狭守源朝臣忠高公同年
號十四丁丑まて雲隠并石州銀山をも
治め給ふ　同年號拾五戊寅年　東
照大権現前征夷大将軍正一位太政大臣
右大臣源家康公御子越前國主従三
位中納言兼三河守源秀康公の御三
男出雲の國主従四位上左近衛権少将兼
出羽守源直政公（松平）御入國其御子
出雲國主従四位下侍従兼出羽守源朝臣

第一冊 三ウ

綱隆公ハ御子出雲国主従四位下侍従兼
出羽守源綱近公相続して雲陽五国を
治め給ひしより大守貴命ら綱近公に
いたりて九代ニして一国一城をた
もち給ふ君ハ万しに未葉千万歳に
民を恵ミ国家を治めたまふ御なれハ
直政公より綱近公まて御三代弓矢既ニ
三十余年四季に国中をめくり村里の
東西南北を道路を踏ゐて高山の峯

第一冊 四オ

経山の峯の谷の小川の水も神社仏閣
の旧跡古事を求め諸国の武人
の口に云ふ所の山あの風土記などにいへる
天平の時今天和に及ひて千歳の
春秋を過ぬれは郷里の往昔ハ
其不知明なり俗人色々誤り
其の旧跡を記さん後世の助とす
下ニ改め不足ならん
其の集め…叢の一歩…

第一冊 四ウ

今の一間の道の一里ハ今の六町六町ハ
道の三百六拾歩今ハ三十余六町を
以て一里とし以て東西南北ハ往古よ
り今をたてゝ…
…記す者也

出雲國神門郡監

天和三癸亥歳五月日

岸崎氏左久次源時照

第一冊 五オ（宏雄序）

天和癸亥歳初冬ノ日岸崎氏馳セ于走ル
包裹於書數巻投來于予ニ塵几頭ニ且
疑且喜而攤閲焉乃雲州ノ風土記也
而本文中三寫魯魚殆ト不ル少也欲ス讀
之ヲ佶屈不敢入于齒牙ニ其下低書シテ而
消解之ヲ悉矣實國中之事跡野人之
俗稱郡縣之台號方路之遠近炳然ト
宛カモ如シ着ルカ于掌中ノ之物ノ也蓋我國ハ 神

第一冊　五ウ

第一冊　六オ（本文）

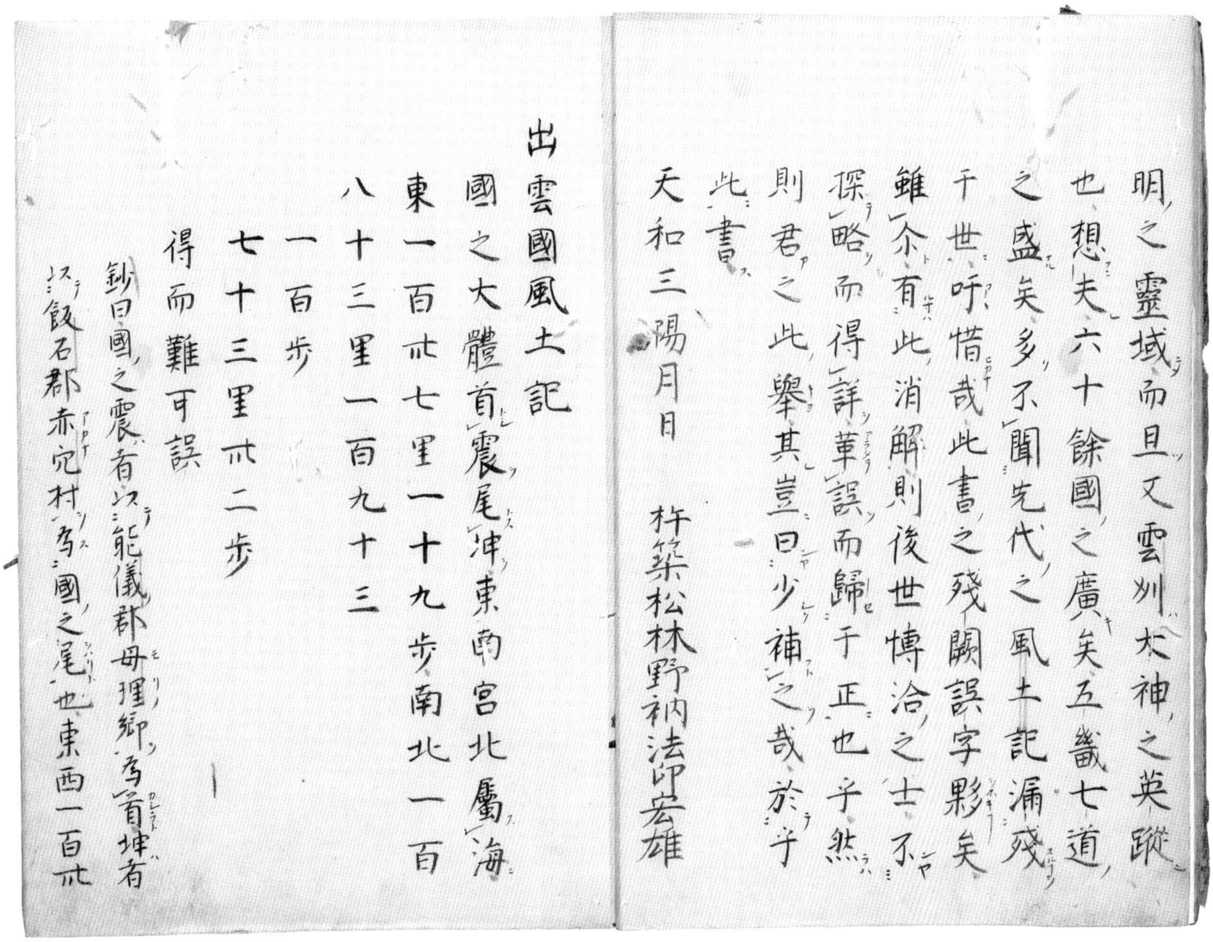
明之靈域而且又雲州大神之英蹤
也想夫六十餘國之廣矣五畿七道
之盛矣多不聞先代之風土記漏残
于世吁惜哉此書之残闕誤字彩矣
雖尓有此消解則後世博洽之士不
探略而得詳華誤而歸于正也予然
則君之此舉其豈曰少補之哉於予
此書
天和三暘月日
杵築松林野衲法印宏雄

出雲國風土記
國之大體首震尾坤東南宮北屬海
東一百卅七里一十九歩南北一百
八十三里一百九十三
一百歩
七十三里卅二歩
得而難可誤
鈔曰國之震有以能儀郡母理郷爲首坤有
以飯石郡赤冗村爲國之尾也東西一百卅

第一冊　六ウ

第一冊　七オ〈付箋あり〉

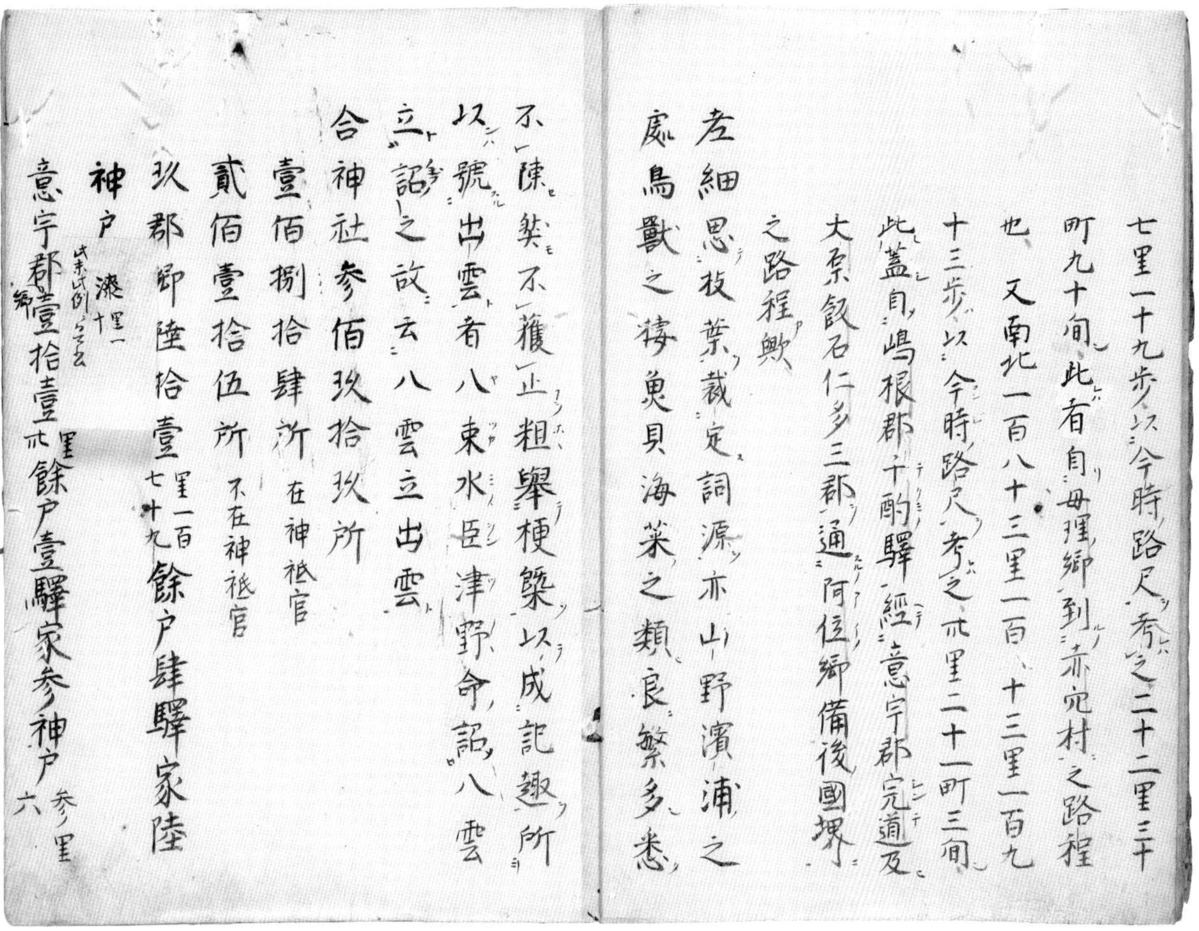
七里一十九歩以今時路尺考之二十二里三十
町九十間此有自母理郷到赤冗村之路程
也　又南北一百八十三里一百十三里一百九
十三歩以今時路尺考之卅里二十一町三間
此蓋自嶋根郡千酌驛經意宇郡完道及
大原飯石仁多三郡通阿位郷備後國堺
之路程歟
老細思枝葉裁定詞源亦山野濱浦之
處鳥獸之棲魚貝海菜之類良繁多悉

不陳矣不獲止粗舉梗槩以成記趣所
以號出雲者八束水臣津野命詔八雲
立詔之故云八雲立出雲
合神社參佰玖拾玖所
壹佰捌拾肆所　在神祇官
貳佰壹拾伍所　不在神祇官
玖郡郷陸拾壹　里一百七十九　餘戸肆驛家陸
神戸　漆　里一十
意宇郡郷壹拾壹　里卅　餘戸壹驛家參神戸　參　里六

七里一十九歩以今時路尺𠬝之二十二里三十
町九十間此者自毋理郷到赤兒村之路程
也 又南北一百八十三里一百 十三里一百九
十三歩以今時路尺𠬝之卄里二十一町三間
此蓋自嶋根郡千酌驛經意宇郡完道及
大原飯石仁多三郡通阿位郷備後國堺
之路程歟
者細思拔葉截定詞源亦山野濱浦之
處鳥獸之棲魚貝海菜之類良繁多悉

不陳 巣不獲止粗舉梗槩以成記趣所
以號出雲者八束水臣津野命詔八雲
立詔之故云八雲立出雲
合神社参佰玖拾玖所
壹佰捌拾肆所 在神祇官
貳佰壹拾伍所 不在神祇官
玖郡郷陸拾壹 里一百七十九 餘戸肆驛家陸
一十 漆里
意宇郡郷壹拾壹 里卅 餘戸壹驛家参神戸 参里六

嶋根郡郷捌 里廿五 餘戸壹驛家壹
秋鹿郡郷肆 里十二 神戸壹里
楯縫郡郷肆 里十二 餘戸壹里神戸壹
出雲郡郷捌 里廿二 神戸壹里二
神門郡郷捌 里廿二 餘戸壹驛家貳神戸 里壹
飯石郡郷漆 里一十九
仁多郡郷肆 里一十二
大原郡郷捌 里廿四
右件郷字者依靈龜元年式改里爲郷其郷

名字者被神龜三年民部省口宣改之
鈔日此記造九郡源順和名鈔割意宇郡東
邊益能儀郡以爲十郡矣

意宇郡
合郷壹拾壹 里卅 餘戸壹驛家参神戸参
毋理郷 本字文理
屋代郷 今依前用
楯縫郷 今依前用

第一冊　八ウ

安來《ヤスキ》郷　今依前用
山國《ヤマクニ》郷　今依前用
飯梨《イナリ》郷　本字云成
舍人郷　今依前用
大草《オホクサ》郷　今依前用
山代《ヤマシロ》郷　今依前用
拝志《ハヤシ》郷　今字林
完道《シンヂ》郷　今依前用
餘戸《ヨベ》里
以上壹拾郷別里参

第一冊　九オ

野城驛家
黒田驛家
完道驛家
出雲神戸
加茂神戸
忌部神戸
鈔曰。今分舍人安來楯縫口縫屋代山國母理野
城加茂神戸等九處以爲能儀郡合完道
來待拝志神戸忌部山代大草筑陽等八

第一冊　九ウ

處以爲意宇郡也口縫能儀郡九重村也
野城驛能儀郡松井村野城大明神所座也
故號能儀郡矣所謂此川舊有三十六丈
之橋梁而今則無矣筑陽非竹矢村也蓋
意東村矣今以筑陽川之方路考之益明
白也意東意宇東邊而与能儀郡荒嶋村
之堺也
所以號意宇者國引坐八束水臣津野
命詔八雲立出雲國者狹布之堆國在

第一冊　十オ

哉初國小所作故將作縫詔而栲衾志
羅紀乃三埼矣國之餘有耶見者國之
餘有詔而童女胸鉏所取而大魚之支
太衝別而波多須支穂振別而三身
之綱打挂而霜黒葛聞耶聞耶爾河船
之毛曾呂毛曾呂爾國來國來引來縫
國者自去豆乃折絶而八穂米支豆支
乃御埼以此而堅立加志者石見國与出
雲國之堺有名佐比賣山是也亦持引

綱者薗之長濱是也亦北門佐伎之國
矣國之餘有耶見者國之餘有詔而童
女胸鉏[取]取而大魚之支太衝別而波
多須々支穂振別而三身之綱打桂而
霜黒葛聞々耶々尓河船之毛々曽々
呂々尓國々來々引來縫國者自多久
乃折絶而狭田之國是也亦北門良波
乃國矣國之餘有耶見者國之餘有詔
而童女胸鉏所取而大魚之支太衝別

而波多須々支穂振別而三身之綱打
桂而霜黒葛聞々耶々尓河船之毛々
曽々呂々尓國々來々引來縫國者自
宇波折絶而闇見國是也亦高志之都
都乃三埼矣國之餘有耶見者國之餘
有詔而童女胸鉏所取而大魚之支太
衝別而波多須々支穂振別而三身之
綱打桂而霜黒葛聞々耶々尓河船之毛
々曽々呂々尓國々來々引來縫國者

國一本作圍 又作周
彦主按式部式曰意宇郡爲神郡

三穂之埼持引綱夜見嶋固堅立加志
者有伯耆國火神岳是也今者國者引
訖而意宇社尓御杖衝立而意恵登詔故云
意宇 所謂意宇社者郡家東北邊田中在
塾是也圍八歩許其上有一以茂
欽曰所謂八束水臣津野命引國時作初國
之小所云々其所蓋今在意宇郡出雲郷足
高明神所座竹林之中矣意宇郡家乃出雲
村今俗事魚梁之處也志羅紀乃三埼亦高

志之都々三埼蓋嶋根郡三保埼也去豆乃折絶
乃楯縫郡今古津浦也八穂米支豆支御埼
曰大社邊雲石両國堺佐比賣山指三瓶山
薗長濱神門郡薗村邊濱也此記載神門
郡中曰水海与大海之間有山長二十二里二百
三十四歩廣三里此者意美(豆)定努命之國引
坐時之綱矣今俗人號云薗松山云至宋可
鎼之北門佐伎國今神門郡鷺浦也多久折
絶嶋根郡講武村中古曰圓福寺村則有所云

上多久下多久亦此記見佐太河上則多久河矣
狹田之國蓋秋鹿郡佐太大明神所座也北門
良波國乃嶋根郡野浪村也闇見國是亦嶋
根郡新庄村久良見谷事也夜見嶋伯耆國
弓濱也火神岳是復指同國大神山也
母理郷郡家東南卅九里一百九十歩
所造天下大神大穴持命越八口平賜
而還坐時來坐長江山而詔我造坐而
命國者皇御孫命平世所知依奉但八

雲立出雲國者我靜坐國青垣山廻賜
而玉珍直賜而守詔故云文理　神亀三年改字母理
鈔曰母理郷古意宇郡今則入能儀郡郡家
東南卅九里一百九十歩今之路度六里二十一町
此郷有併子草野村十年畠村日波村赤屋橋屋
峠内三坂大比良井尻市高江福冨小竹　此處
今俗曰井尻也　母理市北安田村南邊等之地以爲一郷
也長江山有上小竹村玉大明神所座山名也按
古事記伊佐奈美尊神死葬出雲與伯耆之

界比婆山矣蓋是母理郷日波村山也　日與比同　波與婆同
此時八雷神帥千百黄泉軍令追伊弉諾神
于時神拔十握劔處有蓋所在意宇郡岩坂
日吉平原三箇之堺劔山是也又投子桃三顆
之時悪鬼懼歸去處有意宇與能儀之堺
俗曰来魔遁坂是也最後其妹伊佐奈美神
身親追出之時以千人引磐石塞其坂路之
處有是日吉村劔山與岩坂村神納山之中路
今有磐石蓋奈美尊到于此處神魂静坐

則其名神納有以此歟其後乾方去十五町遷
祭于大庭乃神魂大明神是也古地日波村今無
廟社有此謂也日波與大庭首震尾乾相阻
今之路程七里也
屋代郷郡家正東卅九里一百廿歩天
乃夫比命御伴天降來坐社イ伊支等之遠
神天津子命詔吾淨（静）將坐志社詔故云
社　神亀三年改字屋代
鈔曰屋代在意宇郡和名鈔入能儀郡此

第一冊　十四ウ

郷并於吉佐村安田宮内末明奥村以為一郷
也蓋此國東堺手间剗有乃奥村也自関以東
經四五十町則有伯耆國手間郷也屋代郷郡
家正東廿九里一百廿歩今之六里廿町相當吉
佐村矣
楯縫郷郡家東北卅二里一百八十歩
布都努志之命天石楯縫直給之故云楯縫
鈔曰楯縫郷在旧意宇郡今則入能儀郡
郡家東北卅二里一百八十歩今之五里十五町此

第一冊　十五オ

郷合於清井清瀬野外村门生村以為一郷又
称名所書口縫郷者以九重村及清水早田
佐久保邊為口縫也
安來郷郡家東北廿七里一百八十歩
神須佐乃烏命天壁立廻坐之尓時來
坐此處御心者安平成詔故云安來也
即北海有邑賣埼飛鳥淨御原宮御宇
天皇御世甲戌年七月十三日語臣猪
麻呂之女子逍件埼邂逅遇和尓所賊

第一冊　十五ウ

不切尓時父猪麻呂所賊女子斂置上
大發声憤號天踊地行吟居嘆晝夜辛
苦無避斂所作是之間經歴數日矣後
興慷慨志麻呂箭鋭撰便處居即擡訴
云天神千五百萬地祇千五百萬并當
國靜坐三百九十九社及海若等大神
之和魂者靜而荒魂者皆悉依給猪麻
呂之所乞良有神靈坐者吾所傷給以
此知神靈之所神者尓時有須臾而和

第一冊　十六オ

尓百餘淨囲繞一和尓徐率依來從於
居下不進不退猶囲繞耳尓時挙鋒而
刄中央一和尓殺捕已訖然後百餘和
尓解散殺割者女子之一脛屠出仍和
尓者殺割而挂串立路之垂也　安來郷人語臣与之父也自尓時以来至于今日經六十歳
鈔曰安来郷旧在意宇郡今者入能儀郡也
郡家東北廿七里一百八十歩今之[illegible]里廿一町
此郷會於安來市同宮内和田黑鳥嶋田边

以為一郷有宮内于加茂紀貴船松尾神社
記書加茂神戸郡家東南卅四里則今之五
里二十四町矣相當大塚村後蓋徙奈自大塚
宮内村者 又安來海辺十神山礒有云比賣埼
處所謂猪麻呂之女子為鰐魚所吞蓋以此
之處歟世俗謬曰揖屋明神常通于嶋根郡
三保明神之時偶為鰐口傷于其足矣蓋
乃猪麻呂可為揖屋明神社司欲設有世俗
傳説者也或曰出雲神戸神官也

山國郷郡家東南卅二里二百卅歩布
都努志命之國廻坐時來坐此所而詔
是土者不止欲見詔故云山國也即有
正倉

釣曰山國舊在于意宇郡今則別于能儀郡也卅
二里二百卅歩今五里十五町五十間合于吉田柄
谷島木三村而以為此郷矣

飯梨郷郡家東南卅二里大國魂命天
降坐時當此處而御膳食給故云飯成

神龜三年
改字飯梨

釣曰飯梨舊在于意宇郡今則分于能儀郡
也卅二里今五里十二町并于飯梨及引弘寶
松矢田古川新宮富田田原寺村而以為一郷也
飯梨有飯梨大明神之祠故以名于郷也又富田
村有都俾志呂大明神之社自是伊佐奈杵命
跋于御杖之所也又自富田城平家勇士悪七
兵景清之所築也暦應比塩冶高貞居住于
此城明得年中佐佐木治部少輔高範居之領

於此國塩冶駿河守亦守之近世尼子氏世世
據于此城到于義久為毛利元就所屠於
此城而遂失于國矣其後堀尾帯刀領於雲
隠復保之及慶長十三年与子息忠氏議而
相攸于今松江之地闢金城於萬基矣又古
川村奈伊弉冊尊御子火神軻遇突智而建
愛宕社是亦慶長年中移于松江中原又
自飯梨村三四十町許坤行有[illegible][illegible]父谷姥
谷所自是又三四十町許行奈山佐村於[illegible]

弉諾伊弉冊而曰二社大明神又従飯梨八
十町許南行有布部《フベ》村大明神社矣
舎人《トネリ》郷郡家正東廿六里志貴嶋宮御
宇天皇御世倉舎人君等之祖日宣（置之）臣
志毗大舎人供奉之即是志毗之所居
故云舎人即有正倉
鈔曰舎人舊在意宇郡今成能儀郡也此
六里今四里十二町此郷集於吉田月坂赤
埼澤村野方折坂以為一郷

大草郷郡家南西二里一百廿歩須佐
乎命御子青幡佐久佐日古命坐故云
大草
鈔曰大草古今同在于意宇郡也二里一百六歩
今十四町方程共應于大草村合於日吉岩坂大
庭佐草以為一郷自大草九十町南去有熊
野村又自大草六十町行而有平原《ヒラハラ》又下所謂
出雲神戸云云故云神戸此處亦大草六所大明
神之過也又熊野山有所謂熊野大神之所

座而意宇小川水源也按延喜式風土記共以
書熊野大社是則合祀伊佐奈枳尊熊
野加武呂乃命及伊佐奈美尊以尊崇三
座本社又下社會祭《アワセ》天照太神素戔烏命
及五男三女曰之伊勢宮記以上社謂熊
野大社又以下社謂田中社而楯井社亦在
于同處也自熊野以北一里有半是西岩坂從
此東南一里有半是東岩坂而與能儀郡祖
父谷之堺來魔返之嶮坂此則雲伯両國

界毋理郷日波村也古事記所謂葬於伊弉
冊尊蓋可此村矣又所謂伊弉諾尊驚而
走還之時悪鬼起追來時採桃實以擲之
退走之處來魔返坂蓋是也自此西北一里
有半東岩坂与日吉村之堺有剱山大
明神之社式書之熊劔神社是自日波
尊追來悪鬼投於剱之社也而伊弉冊尊神
魂有静坐石盤俗曰之神納又自神納西北
十四町自日波西北七里後徙祀伊弉冊神魂於

大草郷大庭是則神魂《カモシ》大明神也其後出雲神戸
亦移于此處今相殿所座也杵築大社國造
新繼於神職之時奉兼神火神水遂行於
神事之處亦此神社也蓋須佐乃烏命隨
毋于根國之遺標乎又自大庭十五町
以西有佐草村八重垣大明神合祭素戔嗚
稲田姫及大宂貴命以為本社且以手摩
乳足摩乳為末社乃佐草社是也往是在
大原郡潮郷須我地須我自佐草四里許《バカリ》西南也

山代郷郡家西北三里一百廿歩所造
天下大神大宂持命御子山代日子命
坐故云山代也卽有正倉
釗曰山代古今同在于意宇郡矣三里一百廿
歩今曰二十町乃有山代村也此郷併《アハセテ》乎作
屋八幡向潟《カタ》矢田津田乃木阿手奴伎等辺
以為一郷此詎書山代山於神名樋山此山之
翠微《スイビ》有高森大明神之社南足有伊佐奈
枳宮又真名井瀧神祠在于此側《カタハラ》也山代以東

去二十五町有竹屋八幡宮又竹屋以北去十
二町乃有八幡向潟《カタ》村從此辺渡眺阿太加
江揖屋之滄海曰之於飯宇海又從向潟
經于東海五十町而則有嶋根郡大海埼
所謂出雲御大海埼是也蓋大己貴命於
此海上收拾於少彦名命而到于指向嶋
愛養之乎與神代卷行到出雲國五十
狹狹之小汀云云手向嶋詎書塩楯嶋此
嶋上有天神祠乃少彦名命神書所謂自

指向《タナムケ》漏随有必彼矢蝥則書指向可乎
不同有天神祠曰指向嶋後世書手向乎
自向潟二十町以西有矢田村自此西北十八町行
有津田村于高月社賣豆貴社自此以西二十
五町行有天神橋于天満天神社自此橋以北
十町行有松江大橋是則嶋根意宇二郡之界
也而往是此川無杠梁亦無以来興涉人
之子產而民病涉也慶長十三年堀尾帯刀
初成大梁通于南北之人云又自津田西南四

十町許行百乃木濱詑書乃木於野代
拜志郷郡家正西廿一里二百一十歩
所造天下大神命將予越八口爲而幸
時此處樹林茂盛尒時詔吾御心之波
夜志詔故云林　神亀三年改字拜志
鈔曰拜志郷自古今共意宇郡也二十一里二百
一十歩今三里廿一町三十間也
完道郷郡家正西卅七里所造天下大
神命之追給猪像南山有二　一長二丈七尺高一丈周五丈

七尺一長二丈五尺高八尺周四丈壹尺　追猪犬像　長一丈高四尺周一丈九尺　其形
爲石無異猪犬至今猶有故云完道
鈔曰完道古今同在于意宇郡也卅七里者今之六里
六町也此郷會於白石完道佐佐布村而以爲一郷
完道驛家此天平有在于白石濱今十八町以西在
于完道之鄙矣大穴持命追來之猪犬像石有今
白石本郷村石宮大明神是也乃完道社然有羽
久志村正字可爲白猪石歟今略曰白石又村中有女
男岩有同村才谷于高宮大明神之社詑書之挟

井高社亦以才谷明神書狹井社又有白石濱塩
冶高貞之自殺處故俗曰一生害灘云以南谷於
宮原有此處田中隠彼之首級之水澤今菅葦
荒々吁彼有有忠失於身也師直之媱悪實可嫉
而可憎有自其西山高貞之石塔婆又有完道
于祇園社近世尼子氏執國柄之時有完道五郎
左衛門尉所保之古壘又有白石金山完道正重居
城之旧墟此天平有佐佐布村爲意宇出雲二
郡之界故以伊自美社書于出雲郡中弘治

年中出雲郡學頭村高清水城主米原平内兵衛
鎮於此邊之時從完道馳精兵以略取伊自見
村軍原之邊而後於此伊自見村遂屬于意宇
郡文按和名鈔有來待郷但能美郡割分時以
里爲郷歟
餘戸里郡家正東六里二百六十歩　依神亀四年編戸大二里故云餘戸也
鈔曰餘戸里古今共在于意宇郡也六里二百六十
歩今之一里四町二十間以方路考之相當于意東

村然合意東揖屋両村以可為餘戸里乎和
名鈔書筑陽郷此記亦書筑陽川郡家正東
一十里一百歩今ノ一里二十五町四十間出自荻山北流入海
乃興意東川上也又伊意村通于能儀郡荒嶋
岩舩之両村有意東村于大森大明神之祠延
喜式載筑陽神社同社坐波夜都武自和気神
社自意東十八町以西有揖屋大明神之社又
式書揖屋神社同社坐韓國伊多氏神社本社
有大己貴命按揖譲也屋舎也居也然則神代

往昔天孫降臨之時大己貴命以平國之廣矛
授與于天孫揖譲於天下之廣居然後大己
貴命八十隈長隠去矣以此思之揖屋之稱
誠有以哉又傳大己貴命經於海路七里従
此處通婚《ツウコンスト》于嶋根郡三穂之神豈其然乎
是齊野之俗談也此事予既前辨之故不
亦贅矣然可為備麻呂者當社之祠官欲設
有俗説也更可考之
野城驛郡家正東廿里八十歩依野城

彦主援後割意宇郡建能儀郡故此記云驛也和名抄舎代安來楯縫口縫屋代山國母理野城賀茂神戸十郷在此郡也○舎代此記作舎人

大神坐故云野城
鈔曰野城驛舊在于意宇郡而今領于能儀郡
也廿里八十歩今三里十三町和名鈔書野城郷
所以號野城有有松井村于野城大明神社故名
之耳曰野城驛亦野城郷并松井于中津中嶋
田瀬以為此郷也往古言有三十六丈野城橋今
無之蓋此時中嶋切川羽嶋坂田赤江荒嶋茅村
落悉以可為水中其後漸成民里也延喜式書于
野城神社同社坐大穴持神社同社坐大穴持御子

神社乃在于松井村野城三社大明神是也又書
天穂日命神社在于能儀郡屋代郷然有可為
吉佐《キツサ》村天津大明神社欲蓋此社可在亦野城
之宮地之神也
黒田驛郡家同處郡家西北二里有黒
田村土體色黒故云黒田舊此處有是
驛即號曰黒田驛今郡家属東今猶追
舊黒田號耳
鈔曰黒田驛古今同在于意宇郡也郡家西北二里

今十二町桉舊郡家有阿太加夜之社竹屋村
田𡋽容大明神森木之邊也今郡家屬東者乃
今之阿太加夜之市鄽也蓋有阿太加夜努志命
社故名于村也書字於出雲者所謂素戔烏命
國引而出雲國有狹布之堆國在詔初國小所
造之意宇社故曰出雲鄉亦曰意宇里也
又由宇社有在蘆高社司之竹藪中且經熊野
阿太加夜《アタカヤエ》流來川曰意宇小川此下流之海邊
或曰錦浦或曰意宇海又有此村中須田谷

于白尾大明神及荒川大明神社詑書是於須
多上社下社

完道驛郡家正西卅里 說名如鄉

欽曰古之卅里今曰五里路程相應于意宇郡
完道鄉白石之海濱而今乃十八町以西徒完
道之市也

出雲神戶郡家南西二里廿步伊佐奈
枳乃麻奈子坐熊野加武呂乃命与五
百津鉏々猶所取々而所造天下大穴

持命二所大神等依奉故云神戶 他郡等之神戶如是

釗曰出雲神戶古今共在于意宇郡也二里廿
步今十二町二十間其方路程相當大草鄉中
明神之社辺也天平以後合徒神戶於大庭之社
見矣

加茂神戶郡家東南卅四里所造天下
大神命之御子阿遲須枳高日子命坐
葛城賀茂社此神之神戶故云鴨 神亀三年

改字賀茂 即有正倉

欽曰賀茂神戶舊在于意宇郡今則入於
能儀郡卅四里有則今五里廿四町當于大塚村
四社大明神之社辺也又有安來宮內村于加茂
大明神之祠和名鈔書賀茂神戶鄉也

忌部神戶郡家正西廿一里二百六十
步國造《クニノミヤツコ》神吉詞望參向朝廷時御沐之
忌玉故云忌部即川邊出湯出湯所在
兼海陸仍男女老少或道路駱驛或海

中沼淵月集成市續紛燕樂一濯則形
容端正再詠則萬病悉除自古至今無
不得驗故俗人曰神湯也

鈔曰忌部神戸古今同在于意宇郡也北一里二百
六十歩今之三里二十二町北自郡家方路共當
于忌部村忌部川記書野代川今此川無温
湯而玉造川乃在温泉矣則東西忌部玉作湯
市面白大谷此等所々都忌部神戸也和名鈔曰
忌部郷又此村有久多美山大明神及三社大

明神社玉作湯神社同韓國伊多氐社湯村布加美明神社是也記書布吾弥社矣又有八
幡宮面白村有杉谷大明神若杉大明神及高田
大明神等小祠大谷村有比登都貴大明神社此
神有蓋依田彦欤

教昊寺舎人郷中郡家正東廿五里一
百廿歩建立五層之塔有僧教昊僧之所
造也散位大初位下上腹首押猪之祖父也

鈔曰古二十五里一百廿歩今四里八町此寺記為
舎人郷中和名抄曰口縫郷内清水村蓋可為

今之清水寺欤本尊観音也寺僧傳曰此寺之
草創大同元丙戌不知介也乎不今見有六
坊舎宗有天台派也

新造院一所山代郷中郡家西北四里
二百歩建立嚴堂也無僧置君自烈之所
造也出雲神戸置君猪麻呂之祖也

鈔曰古之四里二百歩今曰廿七町二十間此寺未
詳何處也又竹屋村有國分寺之舊基乃礎
落礦礎少々今猶存矣

新造院一所在山代郷中郡家西北二
里建立嚴堂住僧一躯飯石郡少領出雲臣
弟山之所造也

鈔曰西北二里今十二町蓋用有山代村于四王寺
今者無之不知柳是乎不

新造院一所在山國郷郡家東南卅一
里一百廿歩建立三層塔也山國郷人
置那根緒之所造也

鈔曰卅一里一百廿歩今路尺五里八町有能

儀郡吉田村于観音寺而不知蓋此乎

熊野大社 夜麻佐社 賣豆貴社
加豆比乃社 由貴社 加豆比乃高社
都俾志呂社 玉作湯社 野城社
伊布夜社 支麻知社 夜麻佐社
野白社 久多美社 佐久多社
多乃毛社 須多社 真名井社
布辨社 斯保弥社 意陀氏社

市原社 久米社 布吾弥社
完道社 賣布社 狭井社
狭井高守社 宇流布社 伊布夜社
布自奈社 同布自奈社 由宇社
野代社 野代社 佐久多社
伊陀氏社 前社 田中社
詔門社 楯井社 速玉社
石坂社 佐久佐社 多加比社
山代社 調屋社 同社

以上四十八所並
在神祇官

宇由比社 支布佐社 毛社乃社
那富乃夜社 支布佐社 國原社
田村社 予穂社 同予穂社
伊布夜社 阿太加夜社 須多下社
河原社 布宗社 米那為社
加和羅社 笠柄社 志多備社
食師社 以上十九所並不在神祇官

欽曰熊野大社田中社楯井社速玉社久米社此

等五社者在于大草郷中熊野村賣豆貴多加比此
社者在于山代郷中津田村由貴社者在於同郷向
深村玉造社者在于忌部郷玉作村布吾弥社亦
在於同郷湯村伊布夜社同社者在于筑陽郷餘
戸里揖屋《ユヤ》村予穂社同社是亦同郷伊東村大明
神而延喜式書筑陽神社同社坐波夜都武自和
氣神社則是也支麻知社者郎來待郷大森大明
神也野白社者意宇郡野白《ノシラ》村友田大明神是也
野代社同社者乃木村當努貴《アテヌキ》大明神及福富村

大明神也而此記以乃木乃白福富郡曰野代予以
野代川及蚊嶋等處仔細考之以分於此矣加豆
比乃社者山代郷伊佐奈枳明神蓋是耶加豆比
乃高社是亦在于同村神名樋山翠微《スイビ》高森大明
神是也眞名井社在亦同處伊佐奈枳社東瀧之下
社也市原社者筑陽郷餘戸里揖屋市原明神
也由宇社者須佐表命所造初國小處而在於
黑田驛出雲村蘆高神司之篁藪中小祠是
也阿太加夜社是亦古有在于同郷今宮帳後合

祭于蘆高宮非須田社同下社此二祠亦同郷須
田谷白尾大明神及荒川大明神也佐爲社者乃完
道郷白石村才谷大明神是也佐爲高守社亦同處
高宮大明神也完道社是亦同處白石本郷石宮大
明神而乃有大穴持命追來猪犬之石像之社也
布自奈社同社者意宇郡忌部郷中布志名村大
明神也延喜式書布自奈大穴持社布自奈神矣
岩坂社者静坐於大草郷岩坂村神納山伊佐奈
弥命神魂社是也後遷座于大庭謂之神魂大

明神乃大社両國造年々仲冬中卯日到來于此
社薦嘗於新穀新菜蓋是尊本敬始而報
謝於神恩之遺意歟詔門社者延喜式載熊
野社是亦同郷日吉村劔山大明神也此事予
先已辨之川原社者同郷岩坂村川原谷大明
神是也布宇社者益拝志郷風宮華欲佐久
佐社者大草郷佐草村八重垣大明神也佐久多
社同社此両社亦在于同處予不未詳之山代社
者山代郷津田村中御山代大明神也穀麻佐社同

社者在于能儀郡山佐村都俾志呂社者在于同郡
飯梨《イナリ》郷富田《トンダ》庄廣瀬《ヒロセ》野代社者在于同郡野
城郷松井村延喜式書野城神社同社坐大穴
持神社同社坐大穴持御子神社乃此三社内以
大穴持神社大穴持御子神社之二所今記爲調
屋社同社之二所也多乃毛社者能儀郡屋代郷
内北安田村田面大明神是也載于此記神祇官之
外支布佐社同社此二所能儀郡屋代郷吉佐村
天津大明神客大明神両社是也按延喜式書有

屋代郷天穂日命神社則天津大明神事也布部
社者能儀郡飯梨《イナリ》川水上布部村大明神也斯保
弥社者在于同郡母理郷井尻市神官之筐中小社
是也食師社者同郡飯梨郷飯成《イナリ》村社也賣布
社者座于松江白肩津之神社也古事記書青雲
國白肩則出雲國白肩之津是也此外意陀支
社宇由比社那富乃夜社國原社田村社笠柄社志
多備社宇流社等十社未詳於其所在設闕之
者也　蓋夫我國有天神之降迹而且出雲者

大己貴之鎮座神事之根源也愚老雖多年
探索於此事然上古載籍殄泯而不致也
諸社來由知之者鮮矣故往往未遑于考
正之實可以憾哉是則忘予之固陋所
以作於此鈔也

長江山郡家東南五十里　有水精
鈔曰長江山者在于能儀郡母理郷井尻中上小竹
村五十里有今之八里十二町也

暑垣山郡家正東八十歩　有蜂　蜂〻（蜂〻

高野山郡家正東一十九里
鈔曰高野山者意宇郡大草郷岩坂村星上山也一
十九里今三里六町有此山于安德天皇勅願之
觀音堂矣

熊野山郡家正南一十八里　有檜檀也所謂熊野大明神社坐
鈔曰熊野山者意宇郡大草郷端村熊野里乃熊
野大明神山也一十八里今之三里也

久多美山郡家西南廿三里　有社

鈔曰久多美山在于意宇郡忌部郷有此處于久
多弥大明神社廿三里今三里卅町

玉作山郡家西南三十二里　有社
鈔曰玉作山者意宇郡忌部郷中湯大谷山也三十
二里今五里十二町也

神名樋山郡家西北三里一百廿九歩
高八十丈周六里卅二歩　東有松三方並有茅
鈔曰神名樋山者意宇郡山代山也古三里一百廿九
歩今曰二十町九間也

凡諸山野所在草木麥門冬獨活石斛
前胡高良姜連翹黄精百部根貫衆白
朮薯蕷苦参細辛商陸藁本玄参五味
子黄芩葛根牡丹藍漆薇藤李檜字或作格
杉字或作榲赤桐白桐楠椎海榴字或作椿楊梅松栢
字或作樺蘗槻禽獸則有鵰晨風字或作隼山鷄鳩鶉
鶬字或作離黄鴟鴞作横致悪鳥也熊狼猪鹿兎狐飛鼯
字或作猵作蝠獼猴之族至繁多不可題之
伯太川源出仁多與意宇與二郡堺葛

野山經母理楯縫安來三郷入于海有年奥伊久比
鈔曰畠川者能儀郡母理郷井尻川也仁多与意
宇二郡之堺葛野山者井尻中草野村折坂《セツハン》而東
北太村之堺也比太舊者在于仁多郡今者入于能
儀郡也母理旧在于意宇郡今入于能儀郡也
故書仁多与意宇之堺者也
山國川源出郡家東南卅八里枯見山
北流入伯太川

鈔曰山國川者能儀郡吉田川也卅八里今六里十
二町也枯見山者同郡宇涙村水谷也此川經於
宇涙吉田梯谷折坂野方澤村吉岡月坂
赤埼切川等之數村合于母理川也
飯梨《イナリ》河源有三一水源出仁多大原意宇三郡堺田原一水源出枯見一水源出仁多郡玉嶺山
三水合北流入于海
鈔曰飯梨川者今之富田川也田原村旧在意
宇郡今則属于能儀郡也從奥田原迄于比太
村東南方路程七十町又迄于大原郡上久野村

西南方路徑五十町經過於此等之村故書三郡
堺者也然今能儀与大原二郡之堺而已一水
源枯見者能儀郡宇涙山名也一水源玉嶺山者
能儀郡比太与仁多郡亀嵩二村之堺乃亀嵩
山之旧號也
筑陽川源出郡家正東一十里一百歩
荻山北流入于海
鈔曰筑陽川者意宇郡筑陽郷餘戸里伊東
村之川也荻山者奥伊東之山名也

意宇川源出郡家正南一十八里熊野
山北流東折流入于海 有年魚伊久比
鈔曰意宇川者源自熊野山出経於岩坂日
吉大草阿太加夜等数処流入于海也故俗
言或出雲或大草或大庭川也
野代川源出郡家西南一十八里須我
山北流入于海
鈔曰野代川者乃意宇郡忌部川也自大草意宇
二郡之堺海潮郷須我山出経於忌部乃白乃木

等之村流入于海也旧乃白福乃木三処郡曰野代
故称野代川而已
玉造川源出郡家正西一十九里忌山
北流入于海 有年魚
鈔曰此川出於温泉自忌部郷内大谷出経
於玉造湯市而入于北海也
來待川源出郡家正西廿八里和奈佐
山西流至山田村更折北流入于海 有年魚
鈔曰來待川者自意宇郡和名佐山出経於

菅原佐倉大森自於東來待与西來待之中
間落北入于海也此記菅原書山田村文來待
日星和名曰來待郷今俗以和名佐佐倉大森
多根菅原五箇所云上來待以鏡村弘長
寺村濱村三村云東來待以大野横見小松
三処云西來待也
完道川源出郡家正西卅八里幡屋山
北流入于海 無魚
鈔曰完道川者自意宇大原二郡之堺完道

郷中金山谷之奥出経於金山坂口客道村完
道佐佐布之中間北流入于海也
津間抜池周二里四十歩 有鳧鴨鮒蓼 真名猪
池周一里北入海門江濱 伯耆与出雲二国堺自東行西
子嶋 既礒 粟嶋 有椎松多年木宇竹真嶋木葛 砥神嶋周三
里一百八十歩高六十丈 有椎松莘薺頭山高都波師太等草木也
賀茂嶋 既礒 羽嶋 有椿比佐木多年木蕨薺頭葛 塩楯
嶋 有蓼螺子永蓼 野代海中蚊嶋周六十歩中
央涅土四方并礒 中央有毛掬許木一株茸日礒有蚊有螺子海松 自

茲以西濱或峻堀或平土並是通道之
所經也
欽曰津麻桭池周二里四十歩今十二町四十間也
在意宇郡乃木村　真名井池周一里今六町也
在于意宇郡山代郷矢田村　北入海門江濱有能
儀郡門生《ヤトフ》吉佐両所之海際也粟嶋亦在于同
處也　砥神《ジャカミ》嶌周三里一百八十歩今曰七一町也
又在同郡安來海礒　羽嶋在同郡飯嶋村北之
礒辺此村蓋古海中天平之後漸埋成民村

彼東海変成桑田之謂乎麻姑之言信有以也吁
古今之変可以思見也哉又砥神山与羽嶋之
中間有鴨嶋子嶋而不見于此記且記所見
耳塩楯嶌者意宇郡山代郷間浮村手間天
神所座嶋也　野代海中蚊嶋正字蓋可作嫁
嶋歟在于意宇郡乃木之海中俗曰婦嶋誤
婦妻嫁娶之嫁而曰蚊嶋耳蓋比天平者出
雲大河自伊努郷西折赴于杵築郷入會
神門之水海注西入于大海故此辺皆潮海也

因知此嶋有螺子海松等海品其後此川自
伊努郷却東赴流三太美平田遂入于此海
故今無潮海之産成呉蕈雲芹之湖水耳
道通國東堺手間剗卅一里一百八十
歩通大原郡堺林垣峯卅二里二百歩
通出雲郡堺佐雜埼卅二里卅歩通嶋
根郡堺朝酌渡四里二百六十歩
欽曰國東堺手間剗者能儀郡肉村也大原意宇
二郡堺林垣者來待郷和名佐与大原郡幡屋山之

堺也出雲宇意二郡堺佐雜埼者意宇郡伊自美
村与佐々布村之堺乃此佐加恵谷也伊自見旧在
出雲郡而今則属于意宇郡也　嶋根郡堺朝
酌渡者意宇郡山代郷内間浮村与嶋根郡朝
酌郷内福《富》村之中間渡頭也

前件一郡入海之南是則國務也

第一冊　四十二ウ

第一冊　裏見返し

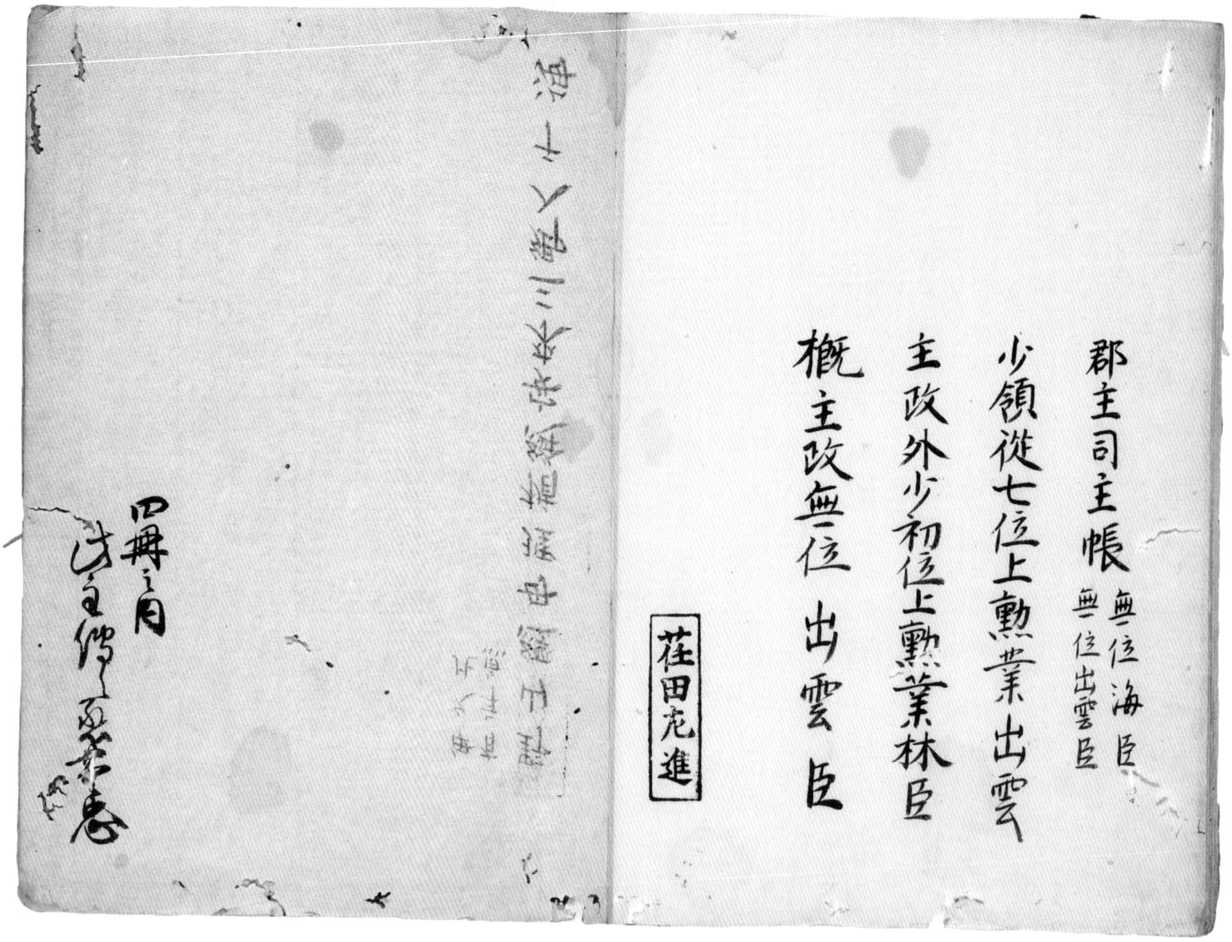

第一冊　裏表紙

第二冊　表紙

第二冊　表見返し

第二冊　遊紙　オ

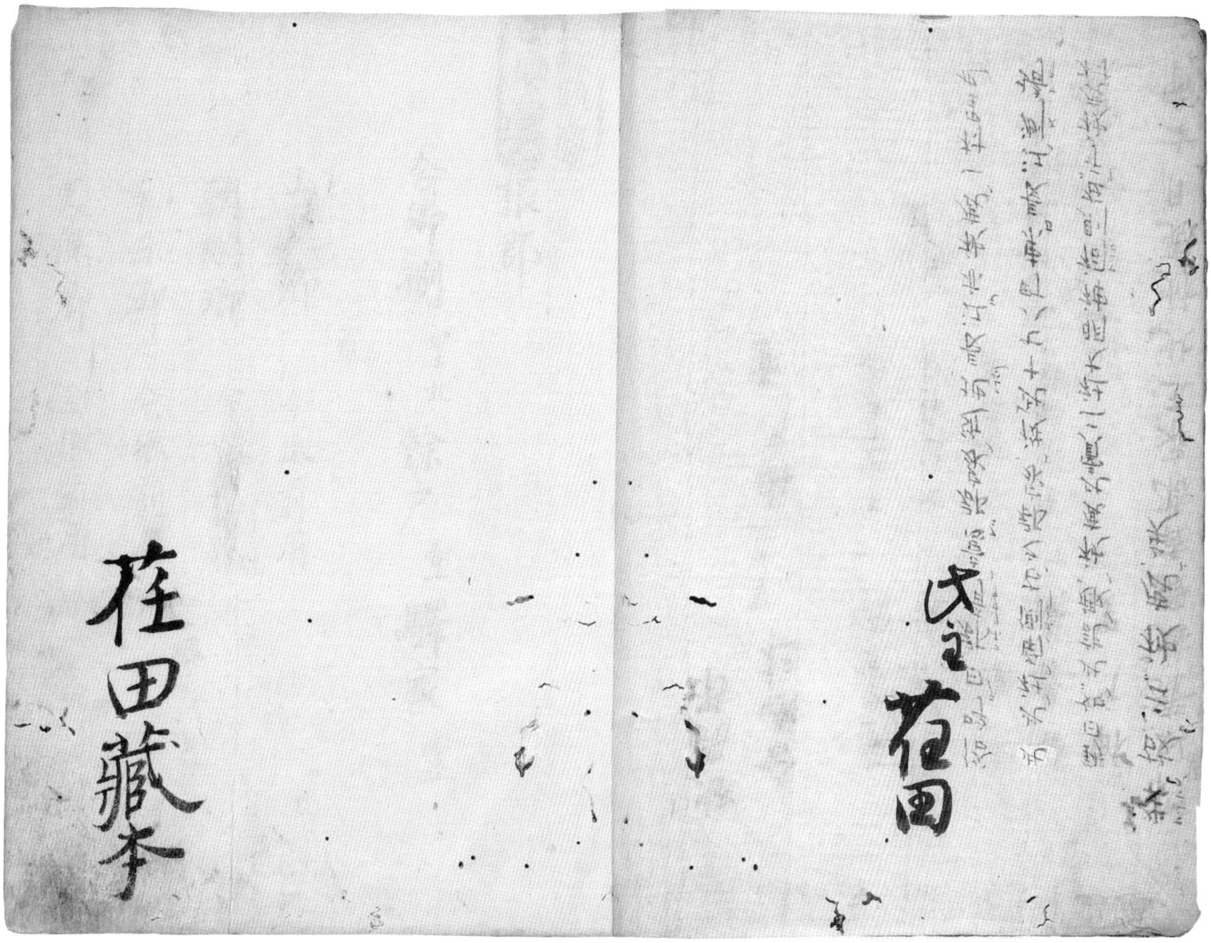

嶋根郡

合郷捌 里廿 餘戸壹 驛家壹

山口郷 今依前用

朝酌《アサクミノ》郷 今依前用

手染《テシメノ》郷 今依前用

美保《ミホノ》郷 今依前用

方結《カタエノ》郷 今依前用

加賀《カヽノ》郷 本字加加

生馬《イクマノ》郷 今依前用

法吉《ホツキノ》郷 今依前用 以上捌郷別里参

餘戸里

千酌《チクミノ》驛

欽曰按此記爲八郷源順和名鈔以多久爲郷而都作九郷多久今講武谷近世曰円福寺村

分而曰上多久下多久乃佐太川上流也又有社

所以號嶋根郡國引坐八束水臣津野命之詔而順給故名嶋根（異本作負）

欽曰以郡中諸方之所經之路程稽考之此郡家相當于今本庄新庄兩村之中間也

朝酌郷 郡家正南一十里六十四歩熊野大神命詔朝御饌勘養夕御饌勘養五贄緒之處定給故云朝酌

自清本云按延喜式祈年祝詞云朝御食乃御食能加牟加比尓云云

欽曰郡家正南一十里六十歩今一里二十五町四間也

此郷合於朝酌及福富大井大海埼以爲一郷也
此記從意宇郡向浮濟此郷福富村之渡頭曰朝酌
促戸渡又按神書所謂出雲御海埼有蓋曰此郷
中俗大海埼之處也又大井村有靈泉涌出之所

山口郷郡家正南四里二百九十八歩
須佐能烏命御子都留支日子命詔吾
敷坐山口處在詔而故山口偵給

欽曰郡家正南四里二百九十八歩今二十八町五十
八間也方踏正當今東川津村加於西川津川原西

尾之三所以爲山口郷也

手染郷郡家正東一十里二百六十歩
所造天下大神命詔此國者丁寧造國
在詔而丁寧偵給而今人猶誤謂手染
郷之耳即有正倉

欽云正東一十里二百六十歩今一里廿八町餘此郷以
多須見長見爲本郷并之於野原別所下宇
部尾以爲手染郷也有別所村于枕木山寺嘗公務之
餘暇与一二僚友躋攀於愴坂以到于寺有僧語

云往古者院宇比甍緇林繁榮自中世而來衰替
才餘一寺先是我先君下命以堂舍鐘樓等
且加修色也暫喫茶果尚亦探於幽邃則自
寺行數十歩許有石崖苺苔向于施無畏案
多座是當山本尊作予敬拜而後入于寺實
得半月之閑矣而後下自山以又就公務云

美保郷郡家正東廿七里一百六十歩
所造天下大神娶高志國生神意支
都久辰爲命子俾都久辰辰爲命子奴

奈宜波比賣命令産神御穗須美命是
神坐矣故云美保

欽曰廿七里一百六十四歩有今四里廿二町四十間也
此郷以閑村福浦爲本郷併加西有森山東有雲津
諸喰等之處以爲三保郷也森山舊曰横田村則
有横田社此記所謂志羅記乃三埼又高志之都都三
埼又三保埼有蓋皆指此處見矣又美保灘磧十八
町東俗有言嶋之神處乃大穴貴命御子事代主命
在于此嶋嶼作乎釣魚射鳥之遊遨益可知矣也

想此神讓天下顕事於天孫而遊偁于此海嶋信
可謂此處于渭濱歟矣彼一旦避乱侯於天下之
清此長揖遜于天孫闘於百王之洪基實以昊
月之談也其釣綱弋射之仁可併按乎又大己貴命
自揖屋通于此處傷於其足已見于前文自此湊
逸于隠列嶋前十八里迄于同列嶋後三十
六里之海路也

方結郷郡家正東廿里八十歩須佐能
烏命御子國忍別命吾敷坐池有國形

宜者故云方結

鈔曰廿里八十歩今三里十二町二十間方結今片江
浦也片江中有僧都玉江加之七類浦以為一郷也

生馬郷郡家西北一十六里二百九歩
神魂命御子八尋鉾長依日子命詔吾
御子平明不憤故云生馬

鈔曰一十六里二百九十歩今二里廿八町五十間以東
西生馬及薦津浦為本郷十町南有濱佐田邑
屋北津村西有下佐田併乎此等之諸村以為生

馬郷矣

加賀郷郡家北西二十四里一百六十
歩佐太大神所生也御祖神魂命御子
支佐加地賣命闇岩屋哉詔金弓以射
給時光加加明也故云加加

鈔曰廿四里一百六十歩者今四里二町四十間也合
加于加賀浦及大蘆御津以為加賀郷也加賀
神埼者在本郷二十町許北之海中久氣戸社者
在于本郷母坂大明神國師大明神者座于大

蘆浦矣

法吉郷郡家正西一十四里二百卅歩
神魂命御子宇武加比賣命法吉鳥化
而飛度靜坐此所故云法吉

鈔曰一十四里二百卅歩者今二里十五町五十間合
法吉及春日末次三所以為法吉郷也今末次有
五箇名曰中原黒田奥谷菅田末次所謂宇武
賀比賣命飛度所座者法吉村中宇久比須谷
是也從此處四町西南有大森大明神社矣又此

郷中有白髪之壘跡《ルイセキ》甸尼子氏東於國柄之時家
臣松田氏伊豆守同左近同兵庫割據于此弘治年
中毛利元就傾於尼子氏之時屯營陳於荒隈
山先追走松田之城而白髪城北東持田村山從
元就買伜候遂略屠於富田本城尼子義久不
利降于元就請和云蓋末次五箇郡五十斛許
編戸也先如云慶長中堀尾帯刀去冨田徙
于此處曰松江城蓋此處有巨口細鱗之佳味故
名之松江也又有末次内中原南边荒隈灘磧

按大己貴命與少彦名戮力一心經營天下遂
到出雲國乃興言曰夫葦原中國本自荒
芒云然則阿羅和美字可為本字荒芒後改
作荒隈者也又以中津國中字置上以葦原
原字加下以曰中原者也又昭床社者社家者
之言合祭少彦名高皇産天照太神素戔烏命
及大穴持命等五神所謂神与吾能相作此國
耶是時而有光海依來云故号昭床大明神
云徙春日村本宮社于奥谷而曰春日大明神矣

餘戸里　説名如意宇郡

欽曰餘戸里有古之郡家而本庄新庄加之邑生
上宇部尾边以可為餘戸之里也

千酌驛家郡家東北一十九里一百八
十歩伊佐奈枳命御子都久豆美命此
處生坐有則可謂都久豆美而今人猶
千酌号耳

欽曰一十九里一百八十歩有今三里九町也今千酌
東邊都而曰北浦併於千酌及笠浦瀬埼野井

野浪等浦以可為千酌驛舘欤自此边隠岁埼
村濟海路十八里也

布自伎弥社　多氣社　久良弥社
同波夜都武志社　川上社　長見社
門江社　横田社　加賀社
介佐社　介佐加志能為社　法吉社
生馬社　美保社　大埼社
在神祇官　以上十四監
大埼川边社　朝酌上社　朝酌下社
努那弥社　椋見社　大井社

阿羅波比社　三保社　多久社
蜛蝫社　同蜛蝫社　質留比社
方結社　玉結社　川原社
虫野社　持田社　加佐奈子社
比加夜社　須義社　伊奈須美社
伊奈阿氣社　御津社　比津社
玖夜社　同玖夜社　田原社
生馬社　布夜保社　加茂志社
一夜社　小井社　加都麻社

須衛都久社　以上廾五所並不在神祇官
欽曰布自支《フジキ》弥多氣両社共在山口郷布自支美山
今嵩大明神是也故曰嵩山耳久良弥社同波夜
都武志和氣社同在餘戸里新庄村久良弥今久良
弥大明神是也川上社在是亦餘戸里本庄村加波
阿氣谷社也長見社手染郷長見村祭介々岐
乃命曰杵田大明神俗傳云西塔武蔵坊辨慶者
此處所産也曰有舊跡又有小祠不知矣也不
在杵田社彼小祠之旁也門江社在山口郷東川

津村今俗曰門戸谷則此處父仁志大明神是也
横田社三保郷今森山村横田大明神也加賀社加賀
郷自灘議北神埼窟戸《クケド》中所産生之大神後徙
陸地謂窟戸大明神是也介佐社十酌浦三社大
明神乃合祀都久都美命及伊弉諾伊弉册曰三
社也介佐加志能為社十酌驛内野井浦神守大明
神也法吉社祭於宇武加比賣命今大森大明神是也
生馬社祀於八尋鉾長依日子命社也美保社合祀
神御穂須須美命与御祖大穴持命及御毋努奈

支智波比賣命而曰三社大明神是也大埼社祀伊
弉冊尊於加賀郷大蘆浦曰毋坂大明神是也
又大埼川辺社同處國師大明神而祀伊佐奈枳
命也朝酌上社即朝酌郷祀伊弉冊尊曰大森大
明神同下社同郷多賀大明神而合禪伊佐奈枳
与熊野大神命社也努那弥社野浪浦久仁戸志
大明神事也椋見《クラミ》社鎮座新庄村久良見谷山頂
之神也大井社朝酌郷大井村七社大明神所謂出雲
御大三埼者在此處東辺此社則祭大國主神

云阿羅波比社法吉郷中原村照床大明神仔細
見于前三保社并祀事代主命及同第一百八十
神社也妻託于先多久社多久郷講武谷神多
久森社也蜛蝫社同社俗曰大根嶋社一社地神大
明神一社三社大明神也蓋古當郡曰有蜛蝫嶋
今入意宇郡矣或曰以韻書考蜛蝫亦作鮨鮨
蟲名亦奥名南越志一頭數尾長二三尺左右有脚
可食云矣者可訓太古云而此嶋土地宜蒿根故
今曰大根嶋乃大根蒿根俗称也質蕭比社方結郷

今片江《カタエ》浦伊比都加大明神而祭國忍別命也玉結社
同郷玉江大明神也川原社在山口郷川原村二社大明
神也出野社出野里福原村出大明神也蓋大穴持
命号葦原色許男之時従八田間大室出而令取
其頭虱之所而祭此神曰出大明神也比加夜社
同所坂本村大神也持田社持田村大宮大明神而天
太玉命縣大宮比賣命也加佐奈子社同村笠那志
大神而可為素戔烏命欲須義社于酌驛中北
浦須支濱北大明神也伊奈都美社同所本浦《モトウラ》奈

久良大明神也伊奈阿氣社同所麻仁祖大明神是也
御津社加賀郷今水浦本宮大明神也比津社生馬
郷中比津村都支努貴神社也玖屋社同社此兩社
有同郷南辺國屋村久羅加気貴利阿気兩大明神也
田原社法吉郷春日村田原谷社也近世徒同郷今奥
谷村尊崇曰春日四社大明神是也於于今号田原
谷於本宮也生馬社在西生馬村大岩大明神也布
弥保社生馬郷十町許南去佐田村松尾神社是也
加茂志社同郷西佐田村鴨子大明神是也一夜社多

久郷西边在右分村一夜大明神也小井社同村御井
神社也加都麻社在同郷同村加都麻山此山周
一百歩許上有一株老松囲數抱受命於地冬
夏青々緑鱗翠爪独立亭々四旁蒼髯直上
倚雲端復俯垂或拂塵或根地反揚衝碧
落乃雙鶴來棲焉七仙為守護那将孔明祠前
柏此松正為伯仲行那旡形勝之美吁人間無
倫仙境亦豈有類哉故我　先君泰嘗枉玉
駕于此御覧之曰茲除四近之荊棘而無纖埃

當　君亦矣也設國在諸士靡不來不歷覽之民
麻亦矣也所謂乾坤生氣鍾風雨長精神信哉
此則加都麻大明神之神木也夏后氏以松可以并
按亭須惠都久社松江城下氏神而今末次大明
神則是也

布自枳美高山郡家正南七里二百一
十步高二百七十丈周一十里女岳郡
家正南二百卅步

欽云布自枳美者跨山口郷朝酌郷餘戸里三箇

中則東川津嵩山是也七里二百一十歩者今一里
九町卅間也乃合祭布自支弥多氣两社於山頂今
俗曰嵩《タケ》大明神當山東岳餘戸里新庄村中有
女岳山又二百卅歩者今四町許也

蝨《ムシ》野郡家西南三里一百歩　無樹木

欽云三里一百歩者今十九町四十間也合福原坂
本以曰虫里明暦年中我　先君忌虫原名而改
福原有虫大明神社則大己貴也見東于前

毛《モ》志《シ》山郡家北一里

欽云毛志山者本庄村川上山而福原坂李北山也一里者
今六町

大倉《ヲホクラ》山郡家東北九里一百八歩

欽云大倉山者手染郷長見《ミ》川水源今枕木山観音
堂東山名又九里一百八十歩者今一里九町三十間也

糸江《イトエ》山郡家東北廿六里卅歩

欽云糸江山者今野浪浦川上山名廿六里卅歩者
今四里十二町卅間也

小倉山郡家正西廿四里一百六十歩

欽曰小倉山者距加賀大蘆講武持田四箇界
山也此山中有小倉観音寺号円福寺舎徒堂
於南麓則在持田村中又此山者加賀川与多久
川之水源也廿四里一百六十歩者今四里二町卅間

凡諸山所在草木白朮麥門冬藍漆五
味子独活葛根暑預卑解狼毒杜仲芍
藥柴胡苦辛百部根石斛藁本藤李赤
桐白桐海石榴楠楊松栢禽獸則有鷲

字或作鴟
隼雉山雞鳩鴿猪鹿猨飛鼯

水草河源二　一水源出郡家北三里二百八十歩毛志山
一水源出郡家西北六里一百六十歩同毛志山

欽云一水源郡家北三里一百八十歩今二十一町此水源自
蛭野中今福原村澄水山出其一水源郡家西北六里一百
六十歩今一里二町四十間此水源自坂本村与持田村之
界而持田納蔵谷出記二川水源共曰毛志山而澄水
与納蔵谷之蹊路稍阻矣蓋水源山同所出谿澗不
同耳二水同来于山口郷今東川津村合流経西川津

南入于海也

長見川源出郡家東北九里一百八十
歩大倉山東流

欽云長見川与大鳥川水源別末則合流也郡家東
北九里一百八歩今一里二十一町水源従今枕木山観
音堂東長見中大倉山出東流到于杵田大明神
前与大鳥川合入于海也

大鳥川源出郡家東北一十二里一十歩
墓野山南流二水合東流入于海

欽云郡家東北一十二里一十歩今二里一町五十間
水源自長見与北浦之界墓野山出南来于杵田
社前与長見川合東流入于海西水源大倉山与
墓野山之間隔十六町五十間也

野浪河源出郡家東北廿六里廿歩系
江山西流入大海

欽云郡家東北廿六里卅歩今四里十二町卅間此水
源自野浪村南糸江山出西入于大海也

加賀川源出郡家西北二十四里一百

六十歩小倉山北流大海入也

欽曰郡家西北二十四里一百六十歩今四里四十間水源
小倉山見于前此川経加賀郷別所谷北流入于
大海也

多久川源出郡家西北二十四里小倉
山西流入秋鹿郡佐太水海　以上六川並少々
無魚川也

欽云郡家西北二十四里有今四里也此水源自小倉山
出多久川西流経佐陀田[illegible]也

法吉陂周五里深七尺許有鴛鴦鳧鴨

嶋根郡

鯉鮒須我毛　當夏節也 有美菜

欽曰鯉衍字歟無于異本矣佐草氏自清從容而語
予曰當聞當國古有不有鯉魚堀尾忠氏治國之
時慶長年中從備之前州岡山得河鯉六十尾余
而放養末次市新堀其後寛永十年葵五月月離于草
（洪水滂沱）出雲川破築潰決而平田湖水与神門水海混合以
泛濫而以來國中水澤湾池往々出於鯉魚矣然
有品物之有古無今有今無古物此國往古何必無
鯉魚乎矣亦此記中餘所不見鯉魚且自清之言

如此何不敢信哉予時編此欽哉并記之云
前原坡周二百八十歩有鴛鴦鳧鴨等
之類　張田池周一里卌歩　匏池周
三里一百一十歩　美能夜池周一里
口池周一里一百八十歩　敷田池周
一里南入于海　自海行東
朝酌促戸渡東有通道西有平原中央
渡則筌亘東西春秋入出大小雑魚臨
時來湊筌邊駈駭風壓水衝或破壞筌

或製日鹿於鳥被捕大小雑魚濱藻家
鄽人
闐市人四集自然成墨矣　自茲入東至于大井濱之間南北二
濱並捕日魚水深也
朝酌渡廣八十歩許自國廳通海邊道矣
大井濱則有海鼠海松又造陶器也
邑美冷水東西北山並嵯峨南海澶漫
中央鹵灠磷男女老少時叢集常燕會
地矣
前原埼東北並龍嵷下則有陂周二百

八十歩深一丈五尺許三邊草木自生
涯鴛鴦鳧鴨隨時常住陂之南海也卽
陂与海之間濱東西長一百歩南北廣
六歩肆（髟鬣之）松翳鬱濱鹵淵澄男女隨時叢
會或愉樂皈或耽遊忘皈常燕喜之地
矣
蜛蝫嶋周一十八里一百歩高三丈古
老傳云出雲郡杵築御埼有蜛蝫天羽
合鷲掠持飛燕（俗字之）來止于此嶋故云蜛蝫

嶋今人猶誤橋嶋号耳土地豊渡西边
松二株以外茅沙薺頭蒿路等之類生
靡即有牧（蕗之）
去陸三里蜛蝫嶋周五里一百卅歩高
二丈古老傳曰有蜛蝫嶋蜛蝫食来蜈
蚣止居此嶋故云蜈蚣嶋東边神社以
外皆悉百姓之家土體豊渡草木扶疎
桑麻豊富渕（津之）所謂嶋里是矣（去津二里一百歩）即
自此嶋達伯耆國郡内夜見嶋磐石二

里許廣六十歩許来馬猶往來塩満時
深二尺五寸許塩乾時者已如陸地
和多嶋周三里二百卅歩（有椎海柘榴白桐松芋菜薺頭蒿蕗都波猪麻）
去陸渡一十歩不知深浅
美佐嶋周二百六十歩高四丈（有椎橉茸茅都波薺蒿）
戸江剗郡家正東廾里一百八十歩（非嶋陸地濱耳伯耆國内夜見嶋將相向之間也）
栗江埼（相向夜見嶋促戸渡二百十六歩）埼之西入海堺也凡
南入海所在雜物入鹿《イルカ》和尓鯔須受枳

近志呂鎮仁白魚海鼠鰝鰕海松等之
類至多不可令名北大海埼之東大堺
也（猶自西行東）
鯉石嶋（生海藻）大嶋（磯）宇由比濱廣八十
歩（捕志毘魚）盗道濱廣八十歩（捕志毘魚）澹毘濱廣
五十歩（捕志毘魚）加努夜濱廣六十歩（捕志毘魚）
美保濱廣一百六十歩（西在神社北有百姓之家捕志毘魚）美
保埼（周壁峙崔定岳）等々嶋（禺々當立）土嶋（磯）久毛等
浦廣一百歩（自東行西十船可泊）黒嶋（生海藻）這田濱

長二百歩比佐嶋（生紫菜海藻）長嶋（生紫菜海藻）
比賣嶋（磯）結嶋門周二里卅歩高一十
丈（有松薺頭蒿都波）御前小嶋（磯）質簡比浦廣二
百卅歩（南神社北有百姓之家卅船可泊）久宇嶋周一里卅
歩高七尺（有椿椎白朮小竹薺頭蒿都波芋）加多比嶋（磯）屋嶋
周二百歩高卅丈（有椿杉薺頭蒿）赤嶋（生海藻）宇
氣嶋（同前）黒嶋（同前）栗嶋周二百八十歩高
一十丈（有松芋茅都波）玉結濱廣一百八十歩
（有碁石東辺有唐砥亦有百姓家）小嶋周二百卅歩高一十丈

勝有松茅蒿頭蒿都波方結濱廣一里八十歩東西有家
間埼有二窟一高一丈五尺裏周一十八歩一高一丈五尺裏周二十歩鳩嶋周
一百二十歩高一十丈有都波苡烏嶋周八
十二歩高一十五丈有嶋栢黒嶋生紫菜海藻衣嶋周一百
須義濱廣二百八十歩
廿歩高五丈中鑿南北船猶往來也
稲上濱廣一百六十歩有百姓之家稲積嶋周
卅八歩高六丈有松和鳥之栖中鑿南北船猶往
來也大嶋礒千酌濱廣一里六十歩東有

松林南方驛家北方百姓之家郡家西北一十九里一百八十歩此則所謂度隠岐國津是矣如志嶋
周五十六歩高三丈有松赤嶌周一百歩
高一丈六尺有松葦浦濱廣一百廿歩有百
姓之家黒嶋生紫菜海藻亀嶋同前附嶋周二里一十
八歩高一丈有椿松薺頭蒿茅葦都波也其薺頭蒿正月元日生長六寸蘘嶋
生紫菜海藻中鑿南北船猶往來也真嶋周六
里高五丈有松松嶋周八十歩高八丈有松林
立石嶋礒瀨埼礒所瀨埼或是也野浪濱廣二百
八歩東辺有神社又有百姓之家鶴嶋周二百一十歩高

九丈有松間嶋生海藻毛都嶋生紫菜海藻川來門
大濱廣一里一百歩有百姓之家黒嶋有海藻小
黒嶋生海藻
加賀神埼即有窟一十丈許周五百二
歩許東西北通所謂佐太大神之所産生也所産生臨時弓箭亡坐尓時御祖
神魂命御子枳佐賣命願吾御子麻須羅神御子坐者
所亡弓箭出來願坐尓時角弓箭随水流出尓時所
子詔子此有非弓箭詔而擲廢給又金弓箭流出來即
待取之坐而闇鬱窟哉詔而射通坐即御祖支佐加地賣
命社坐此所今人是窟辺行時必聲磕而行若密行
者神現飄風起行船者必覆

御嶋周二百八十歩高一十丈中通東
西有松栢椿葛嶋周一里一百一十歩高五丈
有椿松竹葦茅櫛嶋周二百卅歩高一十丈有松林
許意嶋周八十歩高一十丈有松茅澤林真
嶋周一百八十歩高一十丈有松比羅嶋
生紫海藻黒嶋同前苫嶋周一百八十歩高九
丈有松赤嶋生紫菜海藻大埼濱廣一里一百
八十歩西北有著百姓之家須々比埼有白朮御津濱
廣二百八歩有百姓之家三嶋生海藻虫津濱廣一

百九歩手結埼濱辺有窟高一丈裏周二十歩手結
浦廣卅貳歩船二許可泊久宇嶋周一百廿歩
高七丈有松
凡此海所捕雜物志毘朝鮐沙魚烏賊
蜛蝫鮑魚螺蛤貝字或作蚌菜蕀甲蠃字或作石經子甲
蠃蓼螺子字或螺子螺蛎子石蕟字或作蛎犬脚也或䗖於脚者勢也
白貝海藻海松紫菜凝海菜等之類
至繁不可令称也
鉄田法吉坡周五里今廿町法吉郷中俗云智者池

是也前原坡周二百八十歩今二百八十間自大海埼東
在上宇部尾所経之礒辺也張田美野夜口池敷田
等四池未詳其處匏池周三里一百一十歩今廿町許
在生馬郷南今濱佐太村俗曰北佐久池是也明
暦中埋成肥田凡八町許朝酌促戸者朝酌郷今
福富村之東街路也西平原者多賀社域与津
田馬橋之中間洲渚俗曰中嶋古今以捕雜魚處此
渡八十歩今八十間向者意宇國廳出雲之十
字街衢也自是北去廿四五町間淴村与嶋根郡福

冨村之渡頭凡八十歩也大井濱者朝酌東大井村海
濱也邑美冷水者自大井東所之大海村之岸崖有
泉涌出是也又前原埼東北並龍從下則有陂云
是亦大海村中俗呼曰蛇角解是也蜛蝫嶋周一
十八里一百歩者今之三里一町四十間又云陸三里者
今之十八町又蜛蝫嶋周五里一百廿歩者今之三
十二町十間所言或蜛蝫嶌或蜈蚣嶋或栲嶋
者今俗都呼曰大根嶋是也自嶋根郡本庄渡
則海路十八町嶋周三十二町許此嶋古者属嶋

根郡今意宇郡也從此嶋馬渡涉伯州弓濱記
書夜見嶋矣磐石二里者今十二町廣六十歩者
今六十間記書采馬往來者今俗呼曰馬渡是
也和多太嶋周三里二百廿歩今廿一町四十間渡
十歩今十間也此嶋在三保郷中下宇部尾村今
曰和多太埼是也美佐嶋是亦在同郷同村礒
辺也戸江剗郡家正東廿里一百八十歩者今三里六
町在同郷森山村又栗江埼云二百一十六歩者今
三町廿六間亦三保郷森山与伯耆國弓濱中戸江村

渡口也鯉嶋大嶋両嶋者共在三保郷福浦宇毗
濱亦同處長海之事也盗道濱三保関与福浦之
中路也澹毘濱加努夜濱是亦同于上三保濱廣
一百六十歩者今二町四十間則三保関村有三保三
社三保埼者亦三保地蔵埼也等々嶋者従三保
濱十八町許在東海中俗呼曰嶋神蓋事代
主命逍遥處見事于前土嶋者是亦在地蔵
埼之礒辺俗曰赤嶋也久毛津浦廣一百歩今一
百間俗作字於雲津矣黒嶋逭田濱比佐嶋長

嶋比賣嶋結嶋門御前小嶋此等處々皆従雲津
七類所之之小嶋名也賀茀比浦二百七歩今之
三町四十間俗字作七類是也南有喜太大明神与志大
明神社矣久宇嶋加多比嶋屋嶋赤嶋宇気嶋黒
嶋栗嶋等従七類浦在方結郷今片江中玉江
濱所経之海中嶋峙名也玉結濱者方結郷今玉
江濱黒色碁子今猶在矣唐砥者玉江与片江之
中間笹子浦亦在濱廣一百八十歩者今之三町
小嶋亦玉江礒頭也方結濱廣一里八十歩今之七町

七間今俗作字於片江矣勝間埼二窟者則有片江
浦蜂巣嶋石窟蓋是也鳩嶋鳥嶋黒嶋等嶋者
自片江北方須義浦所泛之嶋峙名也須義濱廣二
百八十歩者今之四町四十間此北浦中俗曰須氣浦
礒辺有衣嶋稲上濱廣一百六十歩者今之二町四
十間此亦北浦澳戸也稲積嶋者同處礒頭稲倉大
明神鎮座嶋也大嶋者是亦同處穴深礒俗呼
曰麻介祖山可是也千酌濱廣一里六十歩者今
七町今千酌浦是也如志嶋赤嶋者千酌与葦浦之

海路嶋名也葦浦濱一百七歩者今之二町今俗曰笠
浦此處中有旧葦浦称是也又笠浦有笠石黒嶋
竃嶋共在笠浦海中也附嶋周二里一十八歩者今
十二町十八間従是笠浦在之野井浦之海路蕿嶋
亦在同處真屋嶋周六里者今三十六町是亦在上
同處也松嶋立石嶋此両嶋者在野浪浦中瀬埼也
瀬埼野浪支浦而俗呼曰仙埼是也野浪濱廣二
百八歩者今三町七八間是則野浪浦釜扉也鶴
嶋間嶋毛都嶋者在小浪野浪加賀中佐浪等海

中往々島名也川来門大濱廣一里一百歩今七町
四十間是乃加賀浦黒島小黒島加賀神埼御
島葛嶋櫛島許意島真島比羅島黒島名
島赤島此等諸島自神埼大蘆浦所如之處々
小島也大埼濱廣一里一百八十歩今九町加賀
郷今大芦浦是也須々比埼有大芦浦中須々美
也御津濱廣二百八歩今三町九八間今水津是
也三島在此浦海中也出津濱廣一百八歩今二
町旧属當郡今秋鹿郡片句浦是也手結埼

同手結濱廣卅二歩今四十二間今俗呼曰多井埼
太井浦是亦旧属當郡今入秋鹿郡久宇島乃
在手結礒辺矣
通道通意宇郡堺朝酌渡一十七里一
百八十歩之中八十歩通秋鹿郡堺佐
太橋一十五里八十歩通隠岐渡千酌
驛家湊一十九里一百八十歩

郡司主帳無位出雲臣
大領外正六位下社部臣
少領外従六位上社接石臣
主政従六位下勲業蝮朝臣

秋鹿郡
合郷肆　里十二　神戸壹
恵曇郷　本字恵伴
多太郷　今依前用
大野郷　今依前用
伊農郷　本字伊努　以上郷肆里参
神戸里
所以号秋鹿者郡家正北秋鹿日女命

第二冊　二十八ウ

坐故云秋鹿矣
鈔曰如記之趣在于秋鹿此實二社大明神祠則秋鹿村
蓋當此社南側為古之郡家從是十七八町東長江
洲埼俗呼曰郡埼則已郡家近地長江亦秋鹿一村也
惠曇郷郡家東北九里卌歩須佐烏命
御子磐坂日子命國巡行坐時至坐此
處而詔此處者國稚美好有國形如畫
鞆哉吾之宮者是處造事者故云惠伴
神亀三年改字惠曇

第二冊　二十九オ

鈔曰九里卌歩者今之一里十八町四十間併今江角古
浦武代本郷等所以為惠曇郷蓋意佐田宮内村
可亦以入此郷中矣
多太郷郡家西北五里一百廿歩須佐
能乎命之御子衝杵等乎而留比古命
國巡行坐時至坐此處詔吾御心照明
正真成吾者此處靜將坐詔而靜坐故
云多太
鈔曰五里一百廿歩者今之三十町并於罡本大垣両村以

第二冊　二十九ウ

為多太郷此郷方路相應今罡本与秋鹿村之界矣
大野郷郡家正西一十里廿歩和加布
都努志能命御狩為坐時即郷西山狩
人立賜而追猪犀北方上之至阿内谷
而其猪之跡亡失爾時詔自然哉猪之
跡亡失詔故曰内野然今人猶誤大野
号耳
鈔曰古之一十里廿歩者今之一里廿四町廿間合於大
野村及魚瀬浦大垣村中高宮明神座山以為大

第二冊　三十オ

野郷矣
伊農郷郡家正西一十四里二百歩出
雲郡伊農郷坐亦食伊農意保須美比
古佐和氣能命之后天甕津日女命國
巡行坐時至坐此處而詔伊農波夜詔
故云足努伊努
神亀三年改字伊農
鈔曰一十四里二百歩者今之二里十五町廿間并於今伊
野村伊野浦波多浦以為伊農郷矣
神戸里　出雲之説名如意宇郡

釛日神戸里則佐田宮内也按迄于庄村常相寺村古
志村古曽志西濵佐田及嶋根郡中台分上佐田下佐
田等蓋佐田社領七百貫地也而佐田三社其一社者
合祭伊佐奈枳乃麻奈子熊野加武呂乃命及大
穴持命也其一社者神魂命御子枳佐加地賣命於
加賀神埼射金弓之時所産生《アレマス》之佐田大神是也
其一社者併祀伊佐奈枳乃命及伊佐奈弥命天照太
神之社也而今俗説佐太社者伊弉冊尊廟所而乃
所謂比婆山是也此説甚誣妄《タブラカシ》蓋比婆山雲伯兩

國界矣則与此地蹊路遥隔浸迦之此婆山不得之強
妄意附託耳予之所言非敢決然若其曰神納曰叙
敢非無其所據
山曰來魔返察此等處而今推指雲伯兩國之界
能儀郡母理郷井尻中日波村而已畢辨先啟不亦
贅乎

佐太御子社　比多社　御井社
埀水社　恵杼毛社　許曽志社
大野津社　宇多貴社　大井社
宇知社　以上一十所並在神祇官　恵曇海辺社

同海辺社　努多之社　那牟社
多太社　同多太社　出嶋社
阿之牟社　田仲社　弥多仁社
細見社　下社　伊努社
毛之社　草野社　秋鹿社　以上十五所並不在神祇官

欽云比多社埀水社宇多貴社此三社者則在佐太宮
内村大井社者在名分村恵杼毛社者恵曇郷中
朝日《アサヒ》山七社権現宮也許曽志社者古曽志村大明神
也大野津社者大野郷南湖水滸津森大明神也

宇知社者大野郷河内谷大明神而和加布都努志乃
命也恵曇海辺社者在今江角浦俗称辨才天嶋
神社也同社是亦同處俗云天神宮是也多太社
同社此両社者多太郷罡本村羽鳥大明神及友田大
明神也出嶋社者両濵佐田村釜代大明神所謂水
戸之神孫櫛八玉神於出雲國多芸志小濵為御
膳時此神化鵜入海底而咋出水底之波介作天
八十毗良迦云云祭此神云加麻志呂大明神是也俗
傳往昔従此社南海中出古制釜鋳云田中社者佐

第二冊　三十二　ウ

太宮中田仲大明神祭猿田彦命也細見《ホツミ》社同下社

此両社在于大野郷細見谷山頭山趾今権現宮是也

草野社乃亦同郷以西野谷流水濠《ホリ》社也伊努社者天

甕津日女命伊野郷客大明神是也秋鹿社者則

秋鹿村中比賣二社大神也毛之社者恵曇《エトモ》郷本

郷村畑垣《ハタカキ》大明神是也努多弥多仁両社未考之

神名火山郡家東北九里卌歩高二百

三十丈周一十四里所謂佐太大神社

即彼山下之足日山郡家東北七里高

第二冊　三十三　オ

一百七十丈周一十里二百歩

欽云九里四十歩今一里十八町四十間此山麓所謂

有佐太大神社也又足日山郡家東北七里今一里

六町周一十里二百歩今二里十二町蓋今朝日《アサヒ》山

観音寺七社権現之所座也此記書恵杼毛《エトモ》社則

是也

女心高野山郡家正西一十里廿歩高

一百八十丈周六里土體渡百姓之膏

之　之字在腴字下可也

腴園矣無樹木但上頭有樹林此則

第二冊　三十三　ウ

神社也

欽云一十里廿歩今一里廿四町周六里今一里是則

大野与多大之中間大垣村高宮大明神鎮座山崗

此記書阿之年社是也蓋祭天照太神也

都勢野郡家正西一十里廿歩高一百

一十丈周五里無樹林峯中有澤周五

十歩蘿藤荻葦等物叢生或叢峙或伏

鴛鴦住也

欽云一十里廿歩今一里廿四町廿間周五里今卅町

第二冊　三十四　オ

大野郷今杜山也

今山郡家正西一十里廿歩周七里

欽云此山亦在同郷路尺同于上周七里今四十二

町也

諸山野所有草木白朮独活女青苦参

貝母牡丹連翹茯苓藍漆女委細辛蜀

椒署預白薟芍藥百部根薇蕨薺頭蒿

藤李赤桐白桐椎椿楠松栢槻禽獸則

有鵰晨風山雞鳩雉猪鹿兎狐飛鼯獼

第二冊　三十四　ウ

猴

佐太川源二東水源嶋根郡所謂多久川是也
西水源出秋鹿郡渡村

二水合南流入佐太水海即水海七里

有鮒

水海通入海潮長一百五十歩廣一

十歩

釼云佐太川水源在于東西東水源出嶋根郡多久郷今講武谷是則多久川也西水源来秋鹿郡今中田村中田古之渡村而本郷与宮中之中間也

第二冊　三十五　オ

佐太水海周七里今四十二町曰今濱佐太水海是也又水海通入海潮長一百五十歩今百五十間廣一十歩今十間至今毎年浚之南注諸海矣

山田川源出郡家西北七里湯大南流入于海

釼云七里今一里六町此水源湯太多太郷岡本村山名也

多太川源出郡家正西一十里女心高野南流入于海

第二冊　三十五　ウ

釼云一十里今一里廿四町此川出多太郷大垣村女心高野山即経大垣村南流入于海也

大野川源出郡家正西一十三里磐門山南流入于海

釼云一十三里今二里六町此水源磐門山大野郷本谷村山名也

草野川源出郡家正西一十四里大継山南流入于海

釼云一十四里今二里十二町此水源大継大野郷

第二冊　三十六　オ

山名也

伊農川源出郡家正西一十六里伊農山南流入于海

釼云一十六里今二里廿四町伊農山即伊農河源山也

長江川源出郡家東北九里卌歩神名火山南流入于海

以上七川並無魚矣

釼云九里卌歩今一里十八町四十間此水源神名火山見于前矣

張碮字可
瓶乾字之

改恵曇字参陂周六里有鴛鴦鳧鴨鮒
四辺生葦蔣菅自養老元年以往荷蕖
自然叢生太多二年以降自然至失都
無茎俗人云其底陶器甖甕等類多有
也自古時々人溺死不知深浅矣
深田池周二百卅歩 有鴛鴦鳧鴨
杜原池周一里二百歩蜂埼池周一里
佐久羅池周一里一百歩 有鴛鴦 南方
入海春則有鯔魚須受枳鎮仁鮐鰕等

大小雑魚秋則有白鵠鴻鴈鳧鴨等嶋
北大海恵曇濱度二里一百八十歩東
南並在家西野北大海即自浦至于在
家之間四方並無石木猶白沙之積大
風吹時其沙或随風雪零或居流蟻散
掩覆桑麻即有彫鑿磐壁三所 一所厚三丈広一丈高八尺一所厚二丈広一丈一所厚二丈高一丈
其中通川北流入大海 川東嶋根郡西者秋鹿郡内也
自川口至南方田辺之間長一
百八十歩広一丈五尺源者田水也上

文所謂佐田川西源是同処矣凡渡村
田水南北別耳古老伝云嶋根郡大領
社部臣訓麻呂之祖波蘇等依稲田之
澇所雕掘也起浦之西礒尽楯縫郡之
堺自毛埼之間濱壁等崔嵬雖風之静
往来船無由停泊頭矣白嶋 生紫苔菜 御嶋
高六丈周八十歩 有松三株 都於嶋 礒 着穂
嶋 生海藻
凡北海所在雑物鮐鯊佐波烏賊鮑魚

螺貽貝蚌甲嬴螺子石華蕀子海藻海
松紫菜凝海菜

欽云恵曇参陂周六里今亦六町在恵曇郷本
郷村水沢也今埋成耕田矣沢田池同郷本郷村
今深田谷防堤也杜原池角在同処田畑垣所今
有無跡矣蜂埼池是亦同処今峯知池是也佐
久羅池亦在于同村也恵曇濱広二里一百八十歩
今十五町自江角濱亘眺於古浦漁扉之路程大
度想応之西野北大海自浦至于在家之間石蓋指

第二冊　三十八　ウ

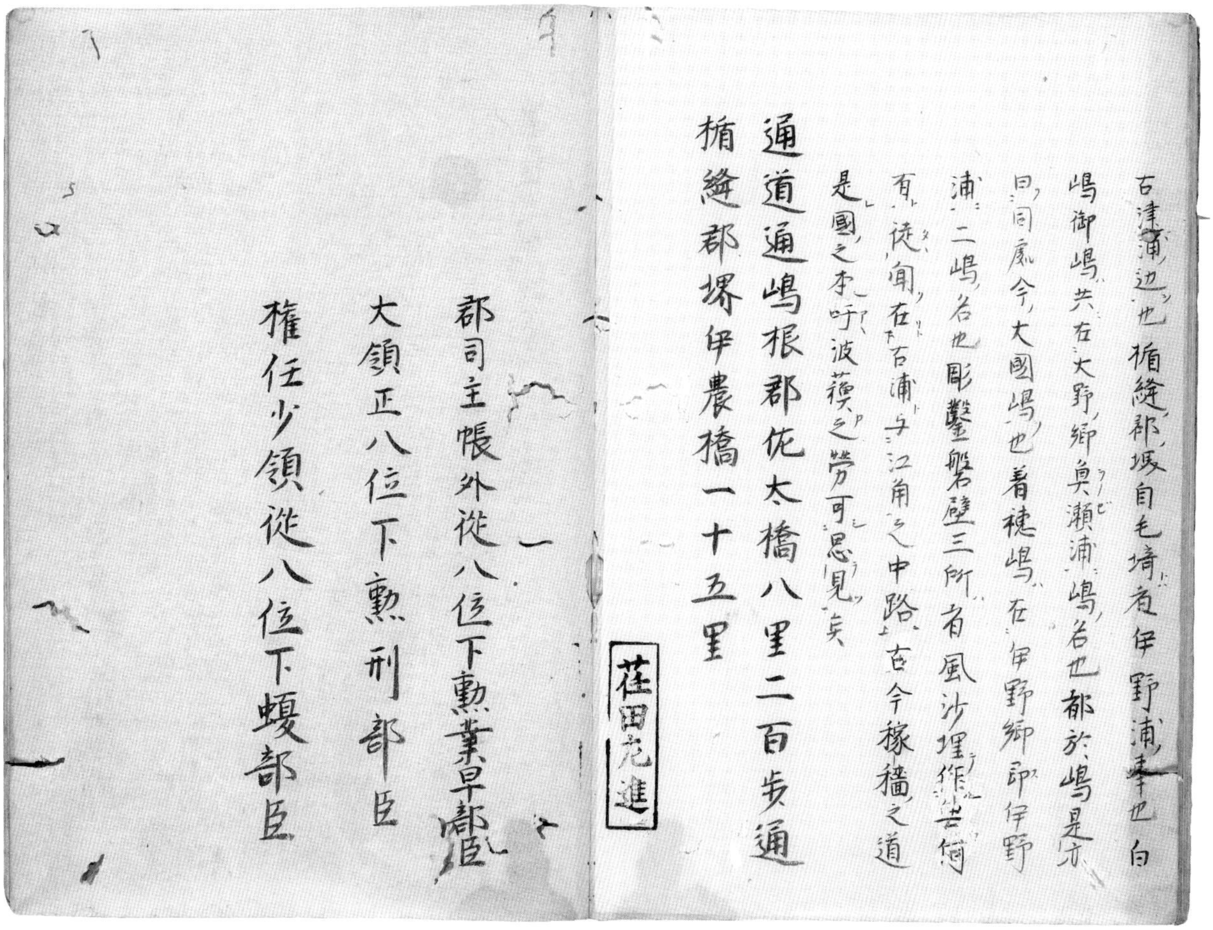
古津浦辺也楯縫郡堺自毛埼有伊野浦是也白
嶋御嶋共在大野郷奥瀬浦嶋名也郡於嶋是亦
同同處今大國嶋也着穂嶋在伊野郷即伊野
浦二嶋名也彫鑿磐壁三所有風沙埋作岦飼
有徒角在古浦与江角之中路古今稼穡之道
是國之本吁波獲之労可思見矣
通道通嶋根郡佐太橋八里二百歩通
楯縫郡堺伊農橋一十五里

荏田充進

郡司主帳外従八位下勲業早部臣
大領正八位下勲刑部臣
権任少領従八位下蝮部臣

第二冊　三十九　オ

第二冊　三十九　ウ

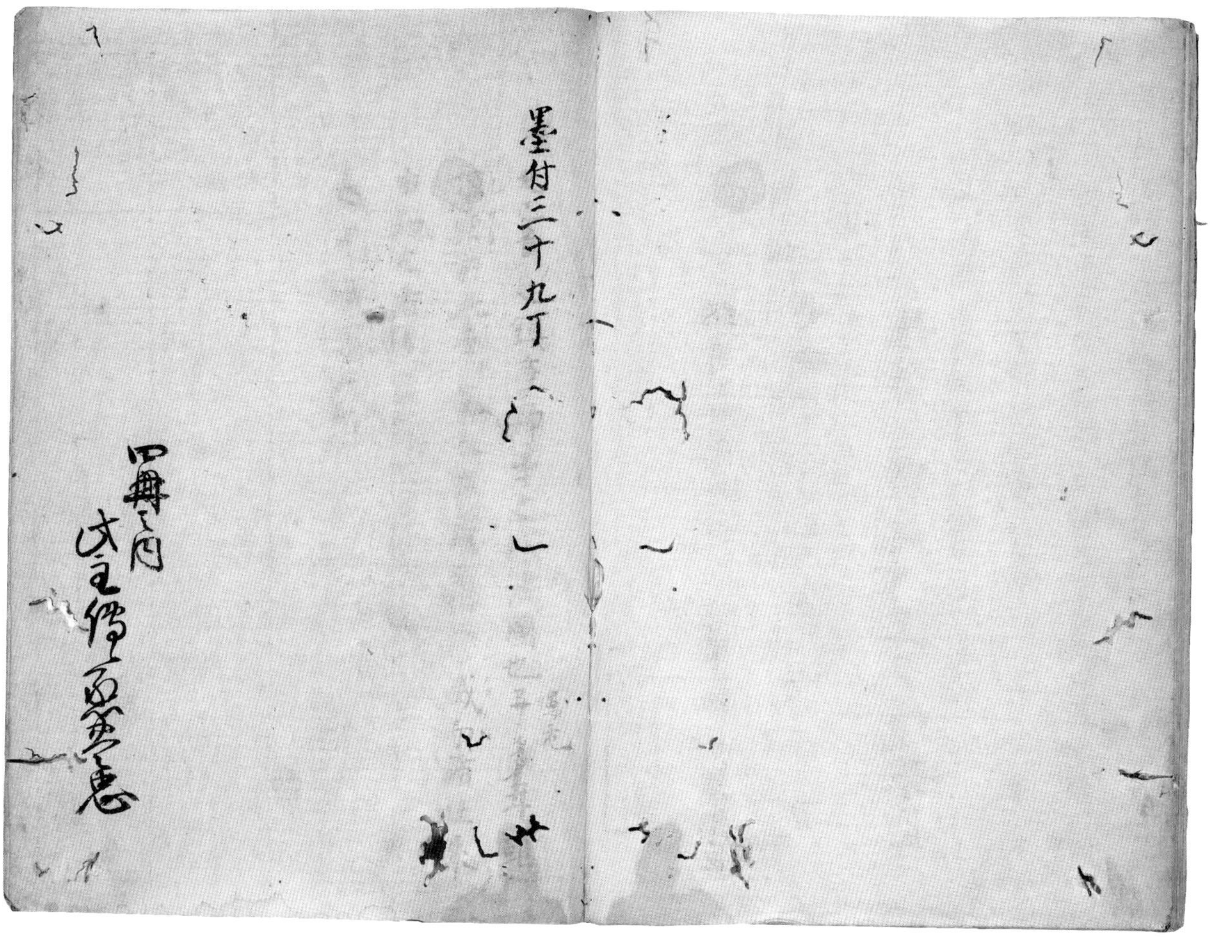
墨付三十九丁

四冊之内

第二冊　裏見返し

第二冊　裏表紙

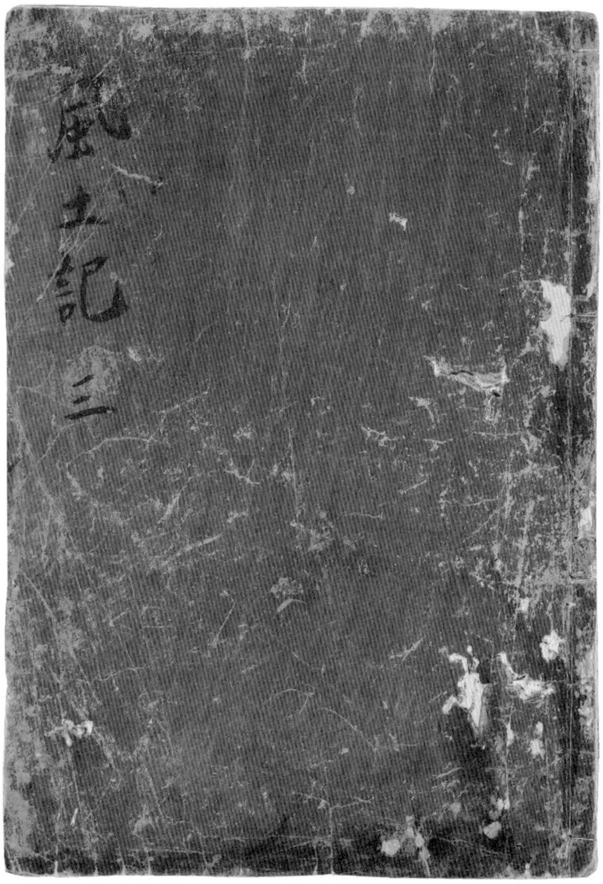

第三冊　表紙

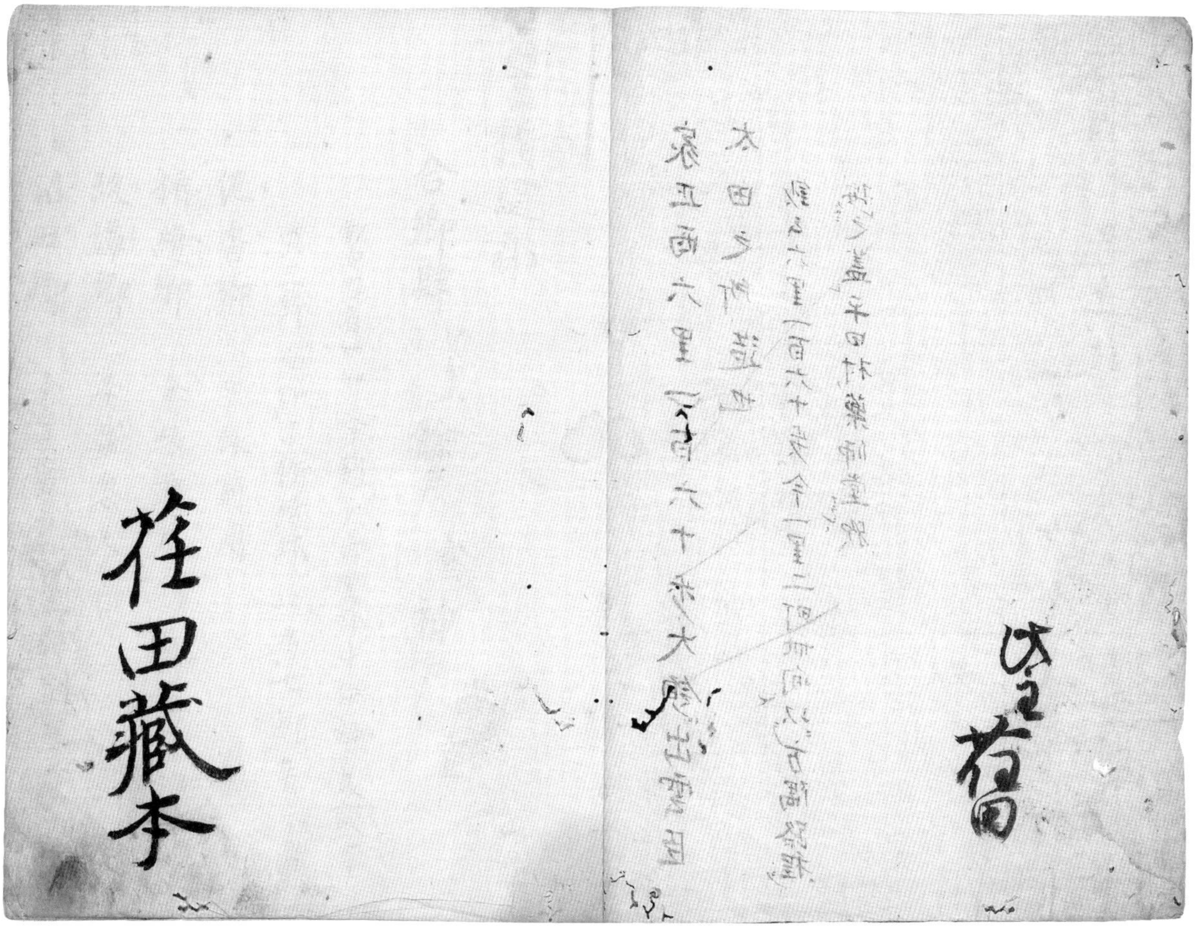
荏田藏本

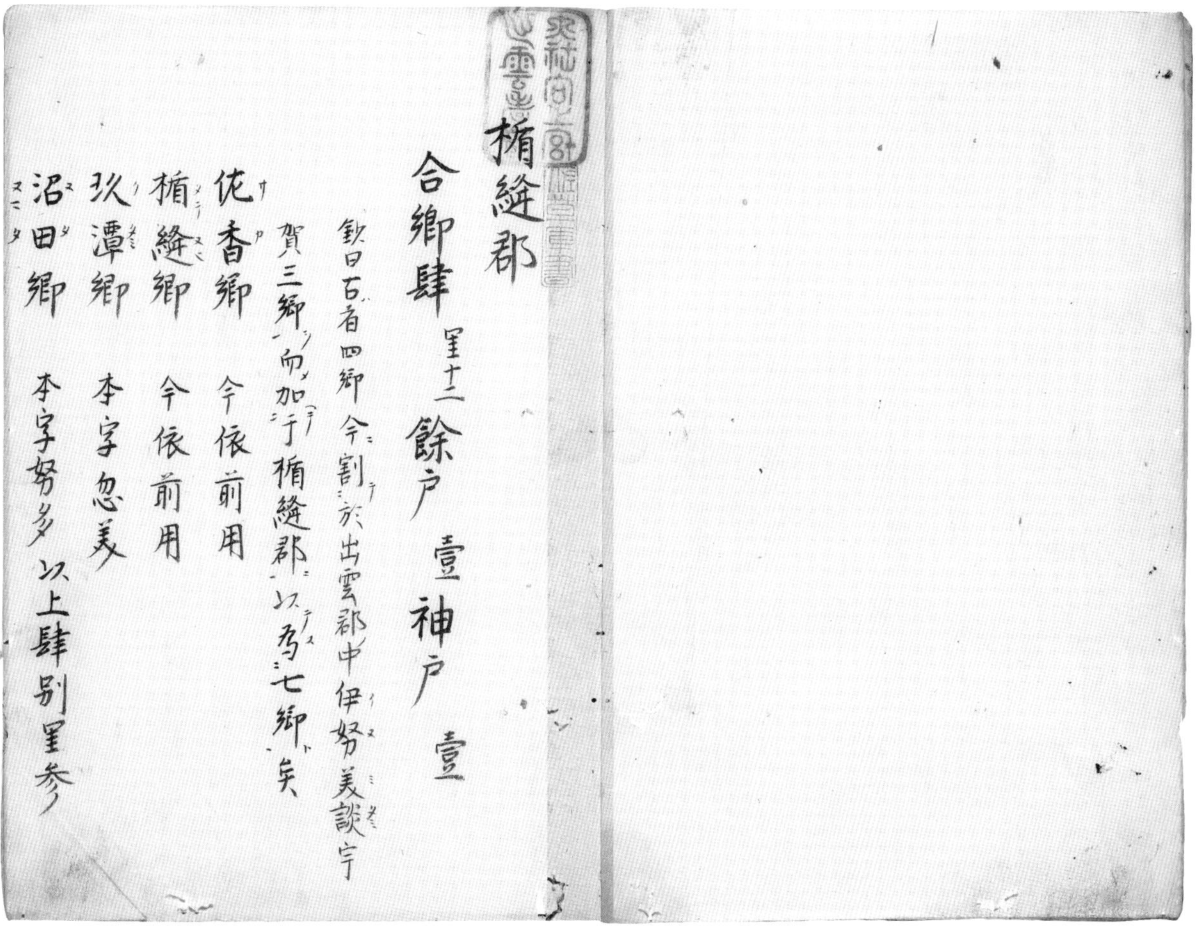
楯縫郡
合郷肆　里十二　餘戸　壹　神戸　壹
欽曰古者四郷今割於出雲郡中伊努《イヌ》美談《ミタミ》宇賀三郷而加于楯縫郡以為七郷矣
佐香《サカ》郷　今依前用
楯縫《タテヌヒ》郷　今依前用
玖潭《クタミ》郷　本字忽美
沼田《ヌタ》郷　本字努多　以上肆別里参

第三冊　一ウ

今按神魂命者謂高皇産霊命見神代之巻可知矣
又按百結結八十結結而之三句一本作百八十結結下與可也
又按楯部為而天降之字一本作楯部為與天下

神戸里　餘戸里

所以号楯縫者神魂命詔五十足天日栖宮之縦横御量千尋栲縄持而百結結八十結結下而此天御量持而所造（一本作與）天下大神之宮造奉詔而（一本作請與）御子天御鳥命楯部為而天降給之尒時退下来坐而（一本作與）大神宮御装束楯（一本此字無）造始給所是也仍至今楯桙造而奉於（一本作公）皇神等故云楯縫

第三冊　二オ

佐香郷郡家正東四里一百六十歩佐香河内百八十神等集坐御厨立給令醸酒給之即百八十日喜讌解散坐故云佐香

欽云四里一百六十歩今ノ二十六町四十間此郷并於小佐加恵佐香園村鹿園寺四所以為佐香郷也蓋百八十神等讌會處今佐香小川也

楯縫郷即属郡家　說名如郡　即北海濱業梨磯有窟裏方一丈半高廣各七尺裏南

第三冊　二ウ

壁有穴口周六尺徑二尺人不得入不知遠近

欽云楯縫郷此天平ノ則属于郡家并於多久多久谷岡田布崎古井津三津只浦塩津等八箇所郡為楯縫郷也磯ノ磐窟有今俗曰穴之渕是也則在于只浦予嘗行於船而視其穴中則二町許白沙皓潔不知其奥深浅更云幾許也

玖潭郷郡家正西五里二百歩所造天下大神命天御飯田之御倉造給並見

第三冊　三オ

巡行給尒時波夜佐雨久多美乃山詔給之故云忽美　神亀三年改字玖潭

欽云五里二百歩今ノ卅三町兼併久多美村東郷福村海苔石谷鎌浦十六嶋古津等八所以為玖潭郷也

沼田郷郡家正西八里六十歩宇乃沼比古命以尒多水而御乾飯尒多尒食坐詔而尒多負給之然則可謂尒多郷今人猶云努多耳　神亀三年改字沼田

欽云八里六十歩今一里十三町并於平田西代出来
洲等所以為沼田郷也意出雲大河此辺之俗
曰尓多河蓋所謂古之遺称也

神戸里　出雲也説名如意宇

欽云此神戸者玖潭郷中海苔石谷六社大明神
神戸也

餘戸里　説名如意宇

欽云此里者并於萬田李庄二村以餘戸里也

新造院一所在沼田郷中建立厳堂郡

家正西六里一百六十歩大領出雲臣
太田之所造也

欽云六里一百六十歩今一里二町四十間太田之所
造之厳堂今以方隅路程按之蓋平田村之
薬師堂歟

久多美社　多久社　佐香社
乃利斯社　御津社　水神社
宇美社　許豆社　同社　以上九所並在神祇官
許豆乃社　又許豆社　又許豆社

久多美社　同久多美社　高守社
又高守社　紫菜嶋社　鞆前社
宿努社　椅田社　山口社
葦原社　又葦原社　又葦原社
峴之社　阿卉知社　葦原社
田々社　以上十九所並不在神祇官

欽云久多美社者即久多見村五社大明神也多久社者楯
縫郷多久村大布弥大明神是也佐香社者在佐香
浦九社大明神也乃利斯社者久多美郷海苔石谷六

社大明神即出雲神戸也御津社者在楯縫郷三津
浦神社也水神社者同郷古井津浦三社大明神也
宇美社者在同郷塩津浦大神也許豆社又許豆
社者同郷大宮大明神与所明大明神両社也又式外
許豆三社是亦在古津浦和多御埼蓋古者有
三社見今一社也久多美社者此久多見村夜麻乃
須気大明神也同久多美社者同郷福村飛大明神
也紫菜嶋社者同郷十六嶋神社也山口社者楯縫郷
多久村鉾田大明神是也葦原四社者共玖潭郷

福村葦原谷神社也何年知社按可在海苔石谷
村俗曰阿気知堤《ツヽミ》之側《ホトリ》之社也田々社楯縫郷只
浦大明神也高社又高守鞆前宿努埼田峴之
等六社未知其方處追而應考之

神名樋山郡家東北六里一百六十歩
高一百二十丈五尺周廿壹里一百八
十歩嵬《タカキ》西在石神高一丈周一丈往側
在小石神百餘許古老傳云阿遅須枳
高日子命之后《キサイ》天御梶日女命來坐多

忠村産給多伎都比古命尓時教詔汝
命之御祖之向位欲生此所宜也所謂
石神者即是多伎都比古命之御託當
旱乞雨時必令零也
欽云神名樋山者楯縫郷多久村山名也六里一百六十歩今
一里二町四十間此山頂石神今猶在矣阿遅須
枳者大己貴御子也天御梶日女命在出雲郡伊
努郷林木村伊努谷神明而赤食伊努意保
須美比古佐和気能命御子也

阿豆麻夜山郡家正西五里卌歩
欽云此山在楯縫郷多久谷村俗曰檜仙山是也
五里卌歩今卅町四十間也

見椋山郡家西北七里
欽云見椋山在久多見郷海苔石谷村今高野山是
也俗傳紀州高野大師蹟於此山創寺不知矣
也不上頭有堂又有寺古七里者今之一里六町也

凡諸山所在草木蜀椒漆麦門冬茯苓
細辛白歛杜中人参升麻署預藤李榧

榆椎赤桐白桐海榴楠松槻　禽獣則
鵰晨風鳩山雞猪鹿兎狐獼猴飛鼯

佐香川源出郡家東北所謂神名樋山
東南流入于海
欽云佐香川即小堺《コサカ》村川也水源神名樋山見于
前

多久川源出同神名樋山西南流入于
海
欽云此川貫楯縫郷多久村与多久谷之中間流西

南入于海也水源山同于上
都宇《ツジ》川源二 東川源出阿豆麻夜山 西水源出見椋山 二水合南
流入于海
欽云都宇川有来久多美村隔流東郷福村之中
間南入于海也東水源阿豆麻夜山所謂檜仙山
也西水源見椋山所謂高野山也
宇賀川源出同見椋山南流入于海
欽云宇賀川水源亦出高野山西谷分流宇賀与
万田之中路南入于海則今宇賀川也

麻奈加比池周一里一十歩 大東池
周一里亦市周一里二百歩 沼田池
周一里五十歩 長田池周一里一百
歩南入海
雑物等有如秋鹿郡説 北大海自毛
埼 秋鹿与楯縫二郡堺崔嵬松栢欝則有晨風之栖也
佐香濱廣五十歩已自都濱廣九十二
歩御津嶋 生紫菜 御津濱廣卅八歩 能
呂志嶋 生紫菜 能呂志濱廣八歩鎌間濱

廣一百歩 亦豆椎長里二百歩廣一
里 周嶢崺上有松菜芋 許豆嶋 生紫菜 許豆濱廣一百
歩 出雲与楯縫二郡之界
凡北海所在雑物如秋鹿郡説但紫菜
者楯縫郡尤優也
欽曰自毛埼者楯縫郡佐香浦与秋鹿郡伊農浦
之界也佐香濱廣五十歩今五十間佐香俗作坂也
已自都濱廣九十二歩今九十二間是亦俗作字於
古井津御津嶋御津濱俗今云三津浦是也

能呂志嶋能呂志濱有今曰只浦鎌浦有古今無
異称也亦豆椎長里有今十六嶋浦此處紫菜
勝于諸嶋故毎年季冬之月課而充貢世称之
為紫菜之上品也許豆嶋許豆浦俗又曰古津浦
也
通道秋鹿郡堺伊農川八里二百六十
四歩出雲堺宇加川七里一百六十歩

第三冊 九ウ

郡司主帳無位物部臣
大領外従七位下勲業出雲臣
少領外正六位下勲業高善史

第三冊 十オ

出雲郡

按出雲与楯縫両郡之分地以宇賀川為限出雲与神門両郡之分地以出雲川為紀矣蓋古者出雲大河来仁多大原二郡経出雲郡阿宮河内《カハチ》出雲《イツモ》伊努等数所従伊努郷西曲折赴杵築郷南落会神門入海注園村妙見山与佐須美浦之中間遂西入于大海矣此時定于楯縫四郷出雲神門各八郷其後此川従伊努郷

第三冊 十ウ

轉出東流入于水海従是以来割杵築郷及宇峠《タハ》佐伎宇龍日御崎湊園浦等処除出雲入神門分伊努郷美談郷宇賀郷及国富川下唐川井呑浦等処除出雲入楯縫今以健部郷漆沼郷河内《カハチ》郷出雲神戸里等処定出雲郡中而此中河内郷中自川以西上郷船津村等今神門郡中也

第三冊 十一オ

合郷捌 里九二 神戸壹
健部郷 今依前用
漆沼郷 本字志司沼
河内《カハチ》郷 今依前用
出雲《イツモ》郷 今依前用
杵築郷 本字寸付
伊努郷 本字伊農
美談郷 本字三太三

宇加郷 今依前用

神戸里 里二

所以號出雲者說名如國也

健部郷郡家正東一十二里二百九四

歩先所以号宇夜里者宇夜都辨命其

山峯天降坐之即彼神之社主今猶坐

此處故云宇夜里而後改所以號健部

之纏向檜代宮御宇天皇勅不忘朕御

子倭健命之御名健部定給尓時神門

臣古弥健部定給即健部臣等自古至

今猶居此處故云健部

欽云一十二里二百七四歩今二里三町四十四間此

郷并於神庭村羽根村武部学頭吉成等以

為健部郷也神庭村中有宇夜村或曰此記六

筒部字部字当奥宇按景行天皇時置處々

於健部有本朝姓氏録健部氏姓益知宇夜

者上古称景行以後名健部郷者今記趣亦

見于矣矣而此辺今有宇屋武部両村蓋後人

留両名呼之者也雖尓從來之誤字強会不克

改之且記以俟後世是正耳又有此郷北庄原

久木両村是等上古水澤中近世埋成民居

福冨黒目澳洲中村是亦久木之支村也

漆沼郷郡家正東五里二百七十歩神

魂命御子天津枳値可美高日子命御

名又云薦枕志都沼値之此神郷中坐

故云志々沼 神亀三年改字漆沼

欽云五里二百七十歩今三十四町廿間以上下直江村為漆

沼郷又有此郷北今中原坂田三部市村此等村亦

古者或入海或溜池經年久而今者成耕田編

戸又中原傍有今在家村此村旧者為美談郷

内其後分為別村可見于下矣

河内郷郡家正南一十三里一百歩斐

伊大河此郷中北流故云河内即郡有

堤長一百七十丈五尺 七十一丈之廣七丈九十 伍丈廣四丈五尺

欽曰一十三里一百歩今二里七町卅間并於伊保

岩階阿宮及上所謂神門郡中上郷船津中嶋等
六箇以為河内郷也記書上阿宮於田儀村又
書船津村於布目美烽矣

出雲郷者即屬郡家　說名如國

鈔曰出雲郷者古之郡家其所在求院与出西之
中間也併於求院出西富村氷室神守等以為
此郷

杵築郷郡家西北二十八里六十歩
八束水臣津野命之國引給後所造天
下大神之宮將奉與諸皇神等參集宮
處杵築故云寸付　神亀三年改字杵築

鈔云古八八里六十歩者今之四里北五町則杵築
大社所座故曰杵築郷今并於宮内越峠市場
中村大土地小土地赤塚假宮等都為杵築郷假
宮村古事記所謂建御雷神天鳥船神降到
出雲伊那佐之小濱蓋此處此辺濱浦俗傳
曰伊那佐濱此謂也又按本牟智和氣御子行
啓于出雲大社之時國造於肥川下仕奉假

宮獻大御食云自此曰假宮者也此外兼合
日御崎宇龍浦佐伎浦宇峠浦湊園村等復
以為杵築郷内又旬米結濱黑田濱等古有
有蜑戸民杵築社領七浦内今淪充編扉
也往古有此郷中菱根池出雲川下流也此川
從伊努郷東轉而後無根源為淺池矣寛
永年中神門郡矢野郷小山村今之三木氏吉
右衛門之祖父与兵衛尉相土地之便宜新堀
於川疏壅塞通水路水澤湿洳漸燥成肥

田乃合于修理免菱根入南矢嶋江田濱村等
六箇村總五千斛許也按書于旧事記常世
郷者蓋今常松村也古老傳曰八九十年前有
此村于松古木數十株意可有少彦名社于此地
後世不加於脩治而遂以廢絶耳且延喜式并
風土記所載之社往往失於其名称強或曰八
幡或曰権現或後曰某某社有蓋不鮮矣
此社亦遂將成権現乎将成八幡乎吁可勝
嘆哉所謂至熊野之御碕遂適常世郷矣

乃熊野御埼今鰐渕山是也此山又曰宇加山又
曰不老山日本紀書熊成峯訓和介奈利乃多
氣又書八尋熊鰐矣有熊鰐同訓可知矣
少彦名命從鰐渕山足縁粟莖彈渡出雲
大河鎮座今粟津常松辺推可知介者常松
粟津之名称豈偶矣乎予之説雖似大牽
合附會意夫大己貴少彦名非他國之事此
國豈曰無其事跡乎且託之以拓具眼之盧
胡耳　杵築郷古出雲郡今神門郡也

伊努郷郡家正北八里七十二歩國引
坐意美豆努命御子赤衾伊努意保須
美比古佐倭氣能命之祖（社之）即坐郷中故
云伊努　神亀三年改字伊努
抄云八里七十二歩者今之一里十三町十二間也并予
東西林木及神门郡高濱村中久佐加村矢尾村
石臼等辺以為此郷中也有西林木于伊努谷大
明神社此郷古出雲郡今入楯縫郡也
美談郷郡家正北九里二百四十歩所

造天下大神御子和加布都努志命天地
初判之後天御領田之長供奉坐之即
彼神坐郷中故云三太三即有正倉　神亀三年改字美談
抄云九里二百四十歩者今之一里廿九町則并予
美談村与今在家村以為此郷也蓋出雲川東
流後美談今在家但為別村遂今在家所
出雲郡美談属楯縫郡也又和加布都努志
社事見于下矣

宇賀郷郡家正北一十七里廿五歩所
造天下大神之命讓坐神魂命御子綾
門日女命介時女神不肯逃隠之時大
神伺求給所此則是郷也故云宇賀即
北海濱有礒名脳礒高一丈許上生松
芸（茱）至礒邑人之朝夕如往來又木枝人
之如攀引自礒西方窟戸高廣各六尺
許窟内在穴人不得入不知深浅也多
至此礒窟之辺者必死故俗人自古至

今号云黄泉《ヨモツノ》之坂黄泉《ヨモツノ》之穴也
鈔云一十七里六五歩今二里卅町二十五間以口奥
宇賀八為本郷東南國富西唐川別所川下井呑等
處々以為宇賀郷也所謂黄泉穴者在川下村
西礒辺宇賀山有如井岩穴直下深不可計知
俗俊曰之黄泉穴也又有宇賀山中不老山鰐淵寺
傳云推古天皇時有智春者初踏陟此山以来
千有余年山之為献也南北不廣東西谷長千丈
瀑布帯雪四序无消刀疊嶂屏埋雲且暮

不知千年鶴松秀峯傾緑蓋萬齢仙杉聳岩
結紺樓夜中常見日曉後且送月冬則銀雪
敷地散瓔珞春亦金華發枝掩錦帳東臨
則完道湖水碧潭浸雲而近北顧亦隱州嶋
嶼蒼溟陽岸則遙寺前一水永酌於荊溪
派流堂後萬壑長攀於天台余脉往古廣
壯巨藂更不可言也近世堀尾氏入此國後山領
許多減少今僅餘院宇十二堀尾氏亦次而亡於
國古人有言也皇王資運祚相将昌家業

靡不繋寺像凡寺像之興廢者國家之盛衰
也信乎
神戸里郡家西北二里一百歩　出雲也説名如意宇郡
鈔云併乎神立千家北島井上別名鳥屋村等
六所以為神戸里也神戸社者神立村万九千
大明神之所座也路程二里一百歩今十四町
新造院一所有河内郷中建立厳堂也
郡家正南一十三里一百歩旧大領日置

部臣布弥之所造　今大領佐宣麻之祖父
鈔云按布弥之所造院宇者河内郷中上郷城
上寺観音堂蓋是也一十三里一百歩者今之二里
七町卅間也上郷村今入神門郡中

杵築社　御魂社　御向社
出雲社　御魂社　伊努社
意保美社　曽枳乃夜社　久年社
審伎乃夜社　阿受伎社　美佐伎社

伊奈佐社　弥太弥社　阿我多社
伊波社　阿具社　都牟自社
久佐加社　弥努婆社　阿受枳社
加守社　布世社　同阿受枳社
神代社　加豆利社　來坂社
伊農社　同社　同社
鳥屋社　御井社　介豆伎社
同社　同社　同社
同社　同社　阿受枳社

同社　同社　同社
同社　同社　同社
同社　同社　來坂社
伊奴社　同社　同社
阿陀弥社　縣社　斐堤社
韓銍社　加佐加社　伊自美社
波弥社　立虫社　以上五十八所並在神祇官
御前社　同御埼社　支豆支社
阿受枳社　同阿受枳社　同社

同阿受支社　同阿受支社　同社
同社　同社　同社
同社　同社　同社
同社　同社　同社
同社　同社　同社
同社　同社　同社
同社　同社　同社
同社　同社　同社
同社　縣社　弥陀弥社

同伊努社　同社　同社
同社　同弥陀弥社　同社
同社　同社　同社
同社　同社　同社
伊介社　都牟自社　同社
弥努波社　山辺社　同社
同社　間野社　布西社
波加社　佐支多社　支比佐社
神代社　同社　百枝槐社

出雲郡

以上六十一所並
不在神祇官

釛云當郡式内五十八社内杵築社御魂社御向社
出雲社御魂社伊豆支社伊豆伎社同社同社同
社同社伊奈佐社右十二所在于杵築延喜式云
大穴持神社杵築大社大若神同社大神若右神社同
社坐伊能知比賣神社同社神魂御子神社同
社神魂伊能知奴志神社同社神大穴持御子
神社同社大穴持伊那西波伎神社同社大穴
持御子玉江神社因佐神社出雲神社同社

韓國伊太氐奉神社以上十二所所式載之社數
全元異也　阿受枳社同社同社同社同社同社
同社同社同社同社同社以上十一社延喜式云阿
須伎神同社神韓國伊太氐神社同社天若日
子神社同社須佐袁神社同社神魂意保刀自
神社同社神阿須伎神社同社神伊佐那伎神
社同社伊佐我神社同社神阿麻能比奈等理
神社同社阿遅須伎神社同社天穂日神社
以上十一所式所載之社數与記無異則今

遥堪村阿式大明神是也又式外所載之阿受伎
社廿八所与先并都廿九社今推蓋遺祭本社
一處於本所遷餘外廿八社於杵築欲見之在
廿八社于杵築今已非處于遥堪故言之耶
自杵築四十町東有遥堪村遥堪又曰篠村也
美佐伎社式作御埼社又式外御前社同御
埼社百枝槐社此等四社共在日御埼也伊
努社亦伊努社同社同社伊農社同伊農社同
社此等七社伊努郷林木村大谷大明神林木

大明神西林木権現佐子能権現八祖父大明神日
乃都麻大明神比賣宮大神是也式伊努神社同
社神魂伊豆乃賣神社同社神魂神社同社比
古佐和氣神社伊布伎神社都我利神社伊
佐波神社式与此記社數又同也意保美社
有宇賀郷川下村埀水大明神而与式同也宇
致乃夜社又審伎乃夜社此両社式書曽枳
能夜神社同社韓國伊太氐奉神社又式外
支比佐社以上三社所座出雲郷氷室村神名

樋山曽伎大明神山上大明神及権現宮是也
久牟社者式書文武神社是出雲郷出西村
久茂神社也弥太美社阿加多社伊波社弥陀弥
社縣社此五社式書美談神社同社比賣遅神
社縣神社同社和加布豆努志神社卯波神社
按出雲大河伊努郷西落時美談与今在家
同郷也今東流分隔成別村故号今在家邑
属出雲郡美談又楯縫伊波神社見今在美談
村余外四社者蓋可在今在家村國長而違

水路之時将爲亡社乎今則一處無矣式外弥太
弥社同伊努社同社同社同社弥陀弥社同社同社同
社同社同社同社同社以上十三社又如上断今
無美談中此社也阿具社式書阿吾神社河内
郷上阿宮大明神是也久佐加社来坂社同社式
載久佐加社同社大穴持海代日古神社同社
大穴持海代日女神社右三社者神門郡高濱
技村久佐加大明神乎或又在久
佐加社一座之中云此辺古爲出雲郡伊努郷

今属神門郡也加守社同阿受枳社者是則
出雲郷中神守《カンモリ》村宮墻《ミヤカキ》神祠而西社在于一處
加守式書加毛利布世社者宇賀郷布施大明
神也神代社者出雲神戸神立村万九千大明神
是也加立利社者同所加美伎利大明神而式書立
虫社蓋是歟又式外有神代社同社此二社亦以
可有此處而今則無之鳥屋社出雲神戸北乃
鳥屋村社也御井社在漆沼郷直江村御井大明
神是則大穴持命娶稲葉八上比賣而産御井

神又名曰木俣神式書御井社是也韓銍社式
作韓竈社是宇賀郷唐川村権現社也波弥
社式書波知神社是健部郷羽根村須多礼
大明神也伊自美社式作伊甚神社是伊自美
三社大明神也伊自美村旧入出雲郡今属意宇
郡佐伎社今鷺浦神社古入出雲郡今附神
門郡山辺社同社同社此三社者未知其處俗傳
云有杵築郷山辺赤人之塚故曰赤塚村祭此社
彼之靈歟按見此記天平五年作之或記曰赤

人有従聖武帝時上総國山辺郷初来作和歌
侍讀云矣則天平時赤人未死也山辺社祭何
彼之靈乎且記以俟後君子耳　弥努波社
式作美努麻神社　斐堤社式書斐代神社
加佐加作伊佐加　都年自作都武自　此四社不詳
都年自社同社弥努波社向野社布西社波加
社佐伎多社　此七社亦如上
神名火山郡家東南三里一百五十歩
高一百七十五丈周五里六十歩曽支

能夜社伎比佐加美高日子命社即在
此巖故云神名火山
欽云此山在出雲郷氷室村俗呼曰佛經山是也
出雲御埼山郡家正北（異本作西北）二十七里三百
五十歩高三百六十丈周九十六里一
百六十五歩西下所謂所造天下大神
之社坐也
欽云北七里三百五十歩者今四里廿四町許又周九
十六里一百九十五歩者今十六里二町四十間也

山自杵築始東歷菱根堤高濱林木國富七方
過宇賀川下向西通井呑宇峠鷺浦宇龍
浦等得亦歸旋于杵築大社其周旋路程凡
今十六里有餘称旧事記古事記宇加山日本紀
熊成峯曰此記出雲御埼山共以此山也俗呼
曰不老山又鰐淵山是也又作或本正北于西北
是以郡家路尺考之相應杵築今弥山趾此亦
宇加第一峯也而中世有密師躋攀于此
峯修練求而持祕法之時彫刻於石佛兩軀

在于今此峯世呼曰杵築弥山権現靈驗日
新從西從東靡來不拜敬之每年七月十
四五六日舉燒列炬於山頂鬼夜宛如白晝
世人各償佛賽也且又當時密師勸請八
幡大菩薩於山東祈修法之鎮護猶到于
近年見有神石人皆拜之矣或處社司私
羨佛驗日盛勸募諸方新建小祠給曰
熊野八幡宮而堅祕舊之神石不敢出也吁
非浮圖之奪神威而已神亦借憑佛光乎

予可笑矣

諸山野所在草木草薢百部根女委夜
干高陸独活葛根薇藤李蜀椒楡赤桐
白桐椎椿松栢禽獸則有晨風鳩山雞
鵠鶫猪鹿狼兎狐獼猴飛鼯也
出雲大川源自伯耆与出雲二國堺鳥
上山流出仁多郡横田村即經横田三
處三澤布勢等四郷出大原郡引沼村
即經來次斐伊屋代神原等四郷出雲

郡堺多義村經河内出雲二郷北流更
折西流即經伊努杵築二郷入神門水
海此則所謂斐伊川下也河之西辺或
土地豊渡土穀桑麻稔歎枝百姓之膏
腴薗或土体渡草木叢生也則有年魚
鮭麻須伊具比魴鱧等之類潭湍雙泳
自河口至川上横田村之間五郡百姓
便川而居出雲神門飯石仁多大原郡起孟春至季春
校材木船沿泝河中也

鈔云出雲川河源鳥上山在雲伯両國堺仁多郡横
田郷竹埼村俗呼曰船通山所謂素戔嗚尊
帥其子五十猛神降到於新羅國云云遂以
埴土作舟乗之東渡到出雲國簸川上所
在鳥上之峯云云蓋今船通山是也祭横田郷
五十猛神俗呼云伊賀多気大明神又是也
此川出仁多大原二郡到多義村多義村今
上阿宮村自是經河内出雲二郷自伊努郷
又西折歷伊努杵築二郷會神門水海遂

西入于大海云云今以見則從西林木伊努谷側西
轉屈來武志高濱粟津堀江常松菱根池又
從是經入南江田矢嶋濱村松下荒木薗村大
嶋村入神西水海自其又殷入于大海也又曰此川
或曰簸川或曰肥川曰斐伊川蓋素戔烏
命天降時見自川上匙箸流來而尋上仁
多郡布施郷佐白与大原郡久野村之堺八頭
坂於是殺大蛇娶稲田姫猶當末詳之
意保美小川源出雲御埼山北流入大

海 有年魚少々
鈔云出雲御埼山者指宇加山第一峯杵築今弥山此川出此山下稍合流鰐淵寺川到宇賀郷川下村入于大海也
池江頂池周二百四十歩須々比池周二百五十歩西门江周三里一百五十八歩東流入于海有鯯大方江周二百卅四歩東流入于海有鯯二江源者並田水所集矣東方入于海三方並平原遼遠

多有山雞鳩鳧鴨鴛鴦等之族也東方入海所在雜物如秋鹿説也　北大海
宮松埼 有楯縫与出雲郡之堺 意保美濱廣二里一百廿歩 気多嶋 生紫菜海松有鮑螺蕀甲蠃 井呑濱廣卅二歩 宇太保濱廣卅五歩 大前嶋高一丈周二百五十歩 生海藻 脳嶋 生紫菜海藻有松栢 鷺濱廣二百歩 黒嶋 生海藻 手結濱廣卅歩 尓比埼長一里卅歩廣卅歩埼之南本西通戸船猶往来上則松

藂生也 宇礼保浦廣七十八歩 船廿許泊 訶山埼高卅九丈周一里二百五十歩 有椎猨榴椿松 子負嶋 礒 大椅濱廣一百五十歩 御前濱廣一百廿歩 有百姓之家 御厳嶋 生海藻 御厨家嶋高四丈周廿歩 等々嶋 意能保濱廣一十八歩 佐甫埼長三十歩高廿二歩有松 粟嶋 生海藻 黒嶋 同前 這田濱廣一百歩 二俣濱廣九十八歩 門石嶋高五丈周四十二歩 有鷲栖 薗長三里一百歩廣一里二百歩

松繁多矣即自神门水海通大海江長〔潮〕参里廣一百廿歩此則出雲与神门二郡堺也
凡此海所在雜物如楯縫郡説但鮑出雲郡尤優所捕者所謂御埼海子是也
鈔云池江頂池須々比池西门江大方江二江此等水澤蓋旧在出雲郡三郡市久木庄原海邊歴年久而遂成耕田平原耳北大海埼者楯縫郡古津浦与川下浦堺川下古為出雲郡今属楯

縫郡意保美濱則川下浦有同處海中氣多嶋
井呑濱宇太保濱者共古出雲郡井呑今楯縫郡与
神門郡堺宇太保今神門郡与楯縫郡堺也今井
呑作猪目宇太保作宇峠蓋本朝俗字隨應呑
矣正無一定式不可拘泥也大前嶋脳嶋者在宇
峠与鷺浦之間鷺浦宇礼保浦御前濱等共
又古者出雲郡今屬神門郡俗宇礼保作宇龍
御前作御埼黒嶋米結介比埼者在鷺与宇
龍之間子負大椅両嶋在宇龍与御崎之間

御厳嶋御厨家嶋等々嶋怪聞埼意能保濱
栗嶋黒嶋逜田濱二俣濱門石嶋等自日御埼
到杵築伊奈佐濱之或海嶋或海濱名也此中等
々嶋蓋今舳嶋而在日御埼北町許西以海中
此嶋辺杵築御埼漁渠採鮑六勝其佳味諸
浦所出之物故充貢賜穀衣應其員大小各
有差伊那佐以南経赤塚湊濱直到薗松山辺也
薗長三里一百歩今十九町四十間廣一里二百歩
今九町二十間薗村古出雲郡今入神門郡中猶

至宋詳之
通道通意宇郡堺佐雜村一十三里六
十四歩
欽云古者曰出雲郡与意宇郡之堺佐雜
佐雜村坡谷有之
雜擦熔頂之
今伊自美村入意宇郡則以伊自美与学頭之中
路軍原為二郡堺矣
神門郡堺出雲大河辺二里六十歩
欽云神門出雲二郡今猶以出雲大川為境也
通大原郡堺多義村一十五里卅八歩

欽云多義村者今上阿宮村也一十五里卅八歩今二里
十八町卅八間
通楯縫郡堺宇加川一十四里二百九
歩
欽云古者以宇賀川為出雲楯縫二郡堺今以
出雲大河為堺也

出雲郡

郡司主帳無位若倭部臣
大領外正位下置部臣
少領外従八位下大臣
主政外大初位下部臣

神門郡

合郷捌 里廿二 餘戸壹 驛家貳 神戸壹

欽云按此記郷八餘戸一驛二神戸一和名鈔云萆餘戸以伊秩為郷也又古有杵築郷入出雲郡而今属神門郡都為十郷又到于宇峠佐伎宇龍御碕浦及湊濱薗松山共以杵築郷而古入出雲郡今則為神門郡中也

朝山郷 今依前用 里二
置郷 今依前用 里参
鹽冶郷 本字止屋 里参
八野郷 今依前用 里参
高岸郷 今字高崖 里参
古志郷 今依前用 里参
滑狭郷 今依前用 里二
多伎郷 本字多吉 里参
餘戸里

狭結驛 本字最邑
多伎驛 本字多吉
神戸里

所以號神門者神門臣伊加曽然之時神門貢之故云神門即神門臣等自古至今常居此處故云神門

欽云古志川東側有墓俗呼號神門塚蓋神門臣等葬埋之地乎而今往往有神門氏者蓋又往古神門之裔孫乎或土民或巧匠等也

朝山郷　郡家東南五里五十六歩神魂命御子真玉著玉之邑日女命坐之尒時所造天下大神大穴持命娶給而毎朝通坐故云朝山

欽云古之五里五十六歩者今之卅町五十六間則當路尺神朝山村相併西馬木東宇奈手南野尻稗原等地以為朝山郷也又書此記朝山郷里二其一以野尻稗原宇那手為一里其二以馬木村為一里者也今俗呼朝山廿五箇村

称下朝山諸村者蓋中古有朝山氏某私領廿五箇村故曰朝山廿五箇村者也矣實古之朝山郷先所書之五箇村耳

置郷　郡家正東四里志紀嶋宮御宇天皇之御世置伴部等所遣来宿停而為政之所故云置郷

欽云此郷以塩冶村内伴部大井谷馬場神原等地併為置郷也蓋中世執塩冶氏國栖之時其氏族等分散於高岸塩冶置郷三處以結構乎

第家故忘却置高岸旧號郡称塩冶郷而已

鹽冶郷　郡家東北六里阿遅須枳高日子命御子塩冶毘古能命坐之故云止屋　神亀三年改字塩冶

欽云東北六里者今之卅六町蓋并塩冶村内只谷今市大津等以為塩冶郷又来原石塚中村此等地亦大津属村也此郷以北可為武志大塚渡橋辺亦此郷中且荻原杤嶋稲岡高岡等諸村今皆在于此郷北蓋古出雲大河西流之

日者此辺村里或中流或洲渚此川東落而後素波変揚紅塵耳又此中有高岡村于多福密寺向昔日院宇榮昌修據於秘密灌頂之道場也自来衰替無此事而遺餘曾舊時密灌之器物一二而已有寺庭于石廣不滿二尺高七尺許傳曰西塔辨慶之袖中研池矣以常情言則實奇怪談也其従神通辺言則納巨海於毫端入須弥乎芥子又非無焉這箇何足以為怪哉而若置此石於異域則彼播郎呼作

第三冊　三十七　ウ

亥子狩米為兄耳呼、復有今市村中
城墎之旧墟、俗伝云塩冶高貞之城、而高貞謂
居冨田城、欲意冨田本営、而此等亦彼之枝城
耳。有来原村于阿世利池、書記夜半夜淵、昔
出雲宿祢誘引弟飯伊利根、遊戯此淵瀞
而残害之。其時入血濺流而池中。故曰阿世利池
蓋以血曰汙者、斎宮忌詞、血称汙。見延喜式書。
血入可訓阿世利者乎。又古事記曰大国主命
葦原中國者天神御子命献百八十御子者

第三冊　三十八　オ

御尾前坐八重事代主命奉仕而後百不足八
十拘手隠賜。時出雲國之於多気志小濱造
天之御舎、而水戸神之孫櫛八玉神為膳夫
献天御饗云。今在武志村于膳夫大明神是也
八野郷　郡家正北三里二百一十歩。須
佐能袁命御子八野若日女命坐之。尓時
所造天下大神大穴持命将娶給為而
令造屋。故云八野。
欽云、自郡家今廿一町廿間者相應矢野白枝小山

第三冊　三十八　ウ

此三村境内合之以為八野郷也。白枝村西今松
下村古出雲大河會水神門水海中心也。後埋
今成編戸耳。
高岸郷　郡家東北二里。所造天下大神
御子阿遅須枳高日子命、甚晝夜哭坐。
仍其處高屋造可坐之、即建高椅可登
降養奉。故云高岸。神亀三年改字高岸。
欽云、従郡家今十二町者相當塩冶村。俗曰高西
地辺。并西天神村東北渡橋村中阿利原、以為高

第三冊　三十九　オ

岸郷也。先所謂塩冶之諸士成家宅、後忘高岸
旧號以省入塩冶村中。是也
古志郷　即属郡家。伊弉弥命之時、以日
淵川築造池之。尓時古志國等到來而
為堤。即宿居之處。故云古志。
欽云、古志郷郡家者、従今弘法寺六町西北田疇
俗呼言郷所。蓋是也。并古志蘆渡知井宮等
以為古志郷也。日淵川者蓋蘆渡与知井宮之
境。俗呼曰保知石川是也。中世有古志因幡守

有管領此辺故古志二十四町西北迄松枝村恣
属此郷内以古志村保知石大明神同為氏神
此社古名在保知石谷寛永年中遷祀古志村
中粟皮塚《スクモツカ》田隴之圏山是則伊佐那美命也
滑狭郷郡家南西八里須佐能表命御
子和加須世理比賣命坐之尓時所造
天下大神命娶而通坐時彼社之前有
磐石其上甚滑之即詔滑磐石哉詔故
云南佐　神亀三年改字滑狭

欽云自郡家古八里今一里十二町有相應神西市
場且又合二部三部為一里并常楽寺村畑
村為一里加之神西郷為滑狭郷也今神西澳
村有古出雲神門川古志川也西川會此水海之時蓋
湖水水心也其後成民居耳所謂滑磐石有則
在神西村岩坪山岩坪大明神高倉権現之
所座是則祭須世理比賣命与天穴持命之
處乎此記合社所載之式内奈賣佐社那賣佐
社西社是也且有神西曰神待之所有大穴

持命来通須世理比賣命之時相待此賣坐
処處之處也信矣世乎不書此記式内波加佐
社式外波加佐社共是神待社也又有此村于
田中社有此村羽加佐山旧城之陳迹旬近来自
関東古庄處来神西氏之人于此據這城弘治
年中毛利元就追伐之遂滅亡矣書神西字
或神妻或神在云
多伎郷郡家南西二十七里所造天下
大神之御子阿陀加夜努志多伎吉比
賣命坐之故云多吉　神亀三年改字多伎

欽云此郷自郡家古廿七里今四里十八町則當于
口田儀市鄽又書田儀川於多岐小川水上多
岐矣則併奥田儀口田儀小田多岐久村等以
為多岐郷也又里参有指田儀小田久村之三處
日里参有也多岐本郷而又兼驛家一十九里也
今三里六町則多岐村加夜堂當矣此處有阿
太加夜努志多伎比賣命神社故名地也
神戸里郡家東南一十里

欽云一十里今一里七四町乃所奈村中今曰神所
蓋此地也従所奈東南去十八町有見々句村西南
去七十町有乙立村矣

餘戸里郡家南西三十六里　說若如意宇郡

欽云卅六里者今之六里也蓋方路共當今橋
波村矣則并橋波吉野高津屋東村八幡奈
一窪田佐津目山口等以為神戸里也按和名鈔
并上諸村以為伊秩郷也

挟《サ》結《ユヒ》驛郡家同處古志國佐与布云人

來居之故云最邑　神亀三年改字挟結也
　所以來居者說古志郷也

欽云挟結駅則古志郷今古志市是也

多岐駅郡家西南一十九里　說若如多岐郷

欽云詳于多岐郷矣

新造院一所朝山郷中郡家正東二里
六十歩建立嚴堂神門臣等之所造也

欽云二里六十歩者今之十三町神門臣之所造者
蓋今神門寺也俗傳曰昔日空海大師來葺
此國寓止于神門寺作和字四十七字遺于此

寺不知實是否矣聞此寺中古為密宗近世
者為専修徒之私有耳以方路細考之曽郷
内非朝山郷不審矣上世事雖曽強不辯之

新造院一所有古志郷中郡家東南一
里刑部臣等之所造也　本立嚴堂

欽云古之一里者今六町也刑部等之所造者蓋
今弘法寺乎自郡家方路正當矣天平日者
不知此寺何宗其後作密宗寺豈空海師之影
像因曰弘法寺者也郡[illegible]俗呼所郷[illegible]

美久我社　阿濱理社　比布知社
又比布知社　多吉社　夜牟夜社
矢野社　波加佐社　奈賣佐社
知乃社　淺山社　久奈為社
佐志牟社　多伎枳社　阿利社
阿如社　國村社　那賣佐社
阿利社　大山社　保乃加社
多吉社　夜牟夜社　同夜牟夜社
比奈社　以上廿五所並在神祇官

第三冊　四十三　ウ

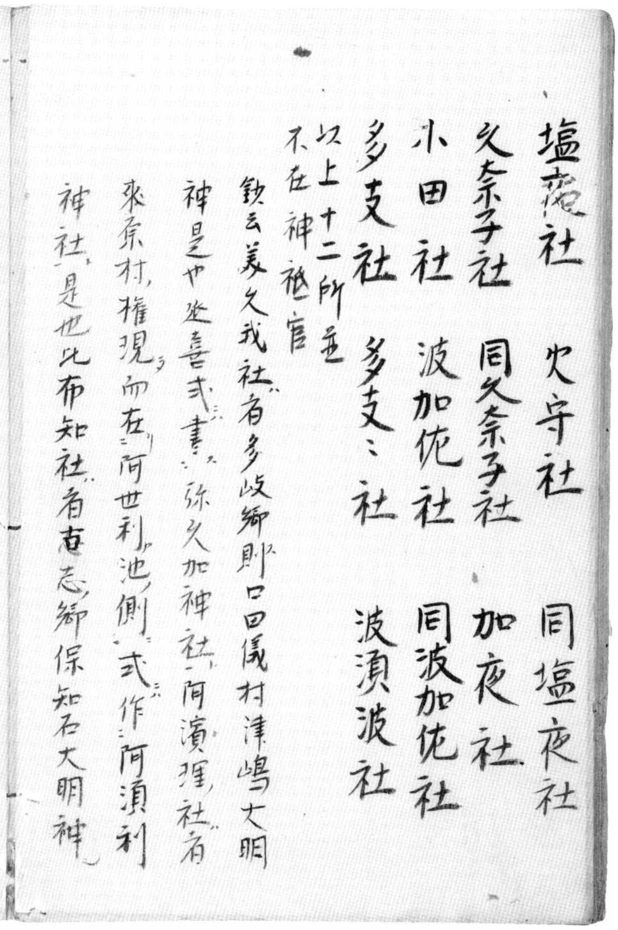

塩夜社　火守社　同塩夜社
久奈子社　同久奈子社　加夜社
小田社　波加佐社　同波加佐社
多支社　多支々社　波須波社
以上十二所並
不在神祇官
欽云美久我社者多岐郷則口田儀村津嶋大明
神是也延喜式書弥久加神社阿須理社者
来原村権現而在阿世利池側式作阿須利
神社是也比布知社者古志郷保知石大明神

第三冊　四十四　オ

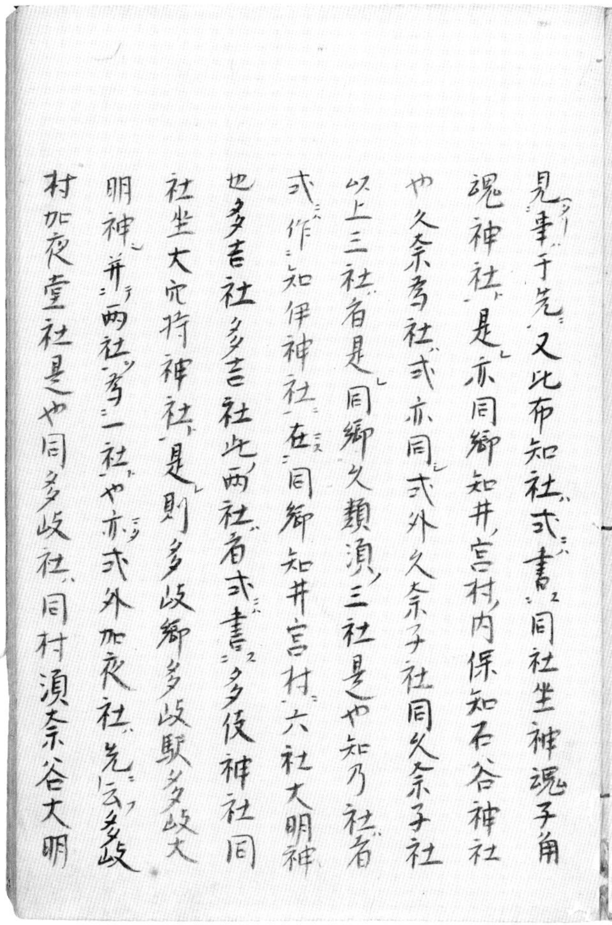

見事手先又比布知社式書同社坐神魂子角
魂神社是亦同郷知井宮村内保知石谷神社
也久奈為社式亦同式外久奈子社同久奈子社
以上三社者是同郷久類須三社是也知乃社者
式作知伊神社在同郷知井宮村六社大明神
也多吉社多吉社此両社者式書多伎神社同
社坐大穴持神社是則多岐郷多岐駅多岐大
明神并両社為一社也亦式外加夜社先云多岐
村加夜堂社是也同多岐社同村須奈谷大明

第三冊　四十四　ウ

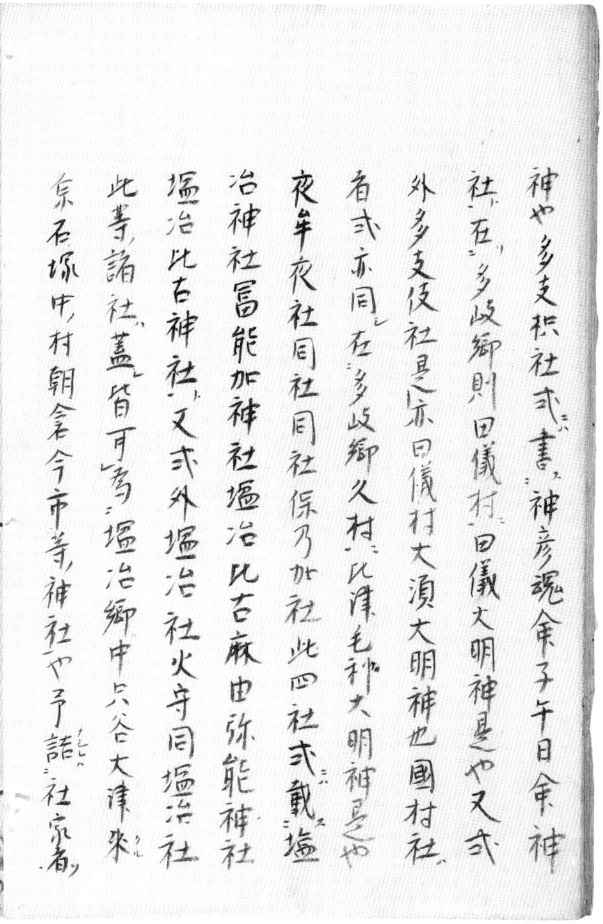

神也多支枳社式書神彦魂命子午日命神
社在多岐郷則田儀村田儀大明神是也又式
外多支伎社是亦田儀村大須大明神也国村社
者式亦同在多岐郷久村比津毛利大明神是也
夜牟夜社同社同社保乃加社此四社式載塩
冶神社富能加神社塩冶比古麻由弥能神社
塩冶比古神社又式外塩冶社火守同塩冶社
此等諸社蓋皆可為塩冶郷中只谷大津来
原石塚中村朝倉今市等神社也予詰社家者

第三冊　四十五　オ

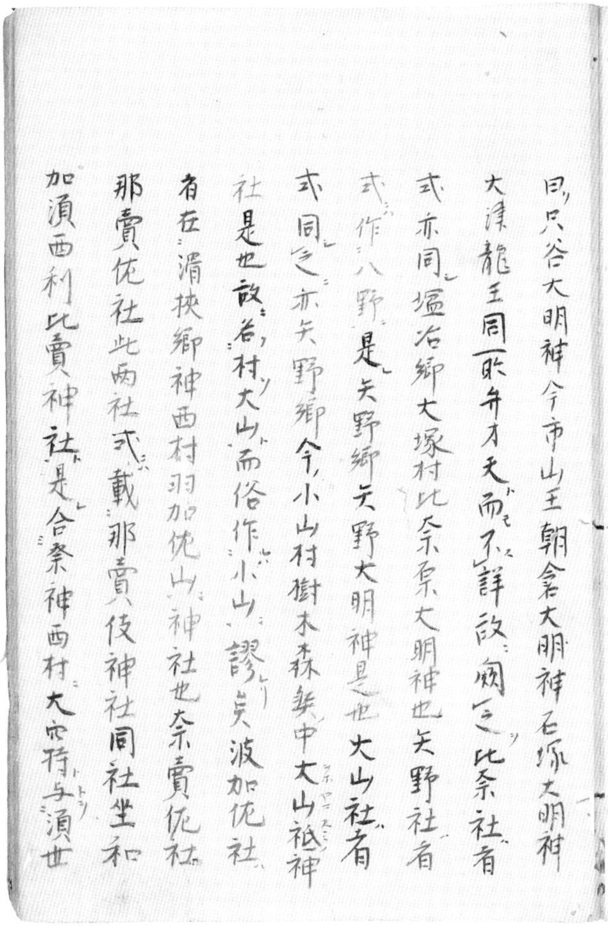

同只谷大明神今市山王朝倉大明神石塚大明神
大津龍王同耽弁才天而不詳故闕之比奈社者
式亦同塩冶郷大塚村比奈原大明神也矢野社者
式作八野是矢野郷矢野大明神是也大山社者
式同之亦矢野郷今小山村樹木森其中大山祇神
社是也故名村大山而俗作小山謬矣波加佐社
者在滑狭郷神西村羽加佐山神社也奈賣佐社
那賣佐社此両社式載那賣佐神社同社坐和
加須西利比賣神社是合祭神西村大穴持与須世

第三冊　四十五　ウ

理比賣俗呼曰岩坪大明神是也式外波加佐社同社
者神西村田中明神同村神詩社也阿如社者式書堀
治日子命御子焼大乃穂日子命神社是滑狭郷
二部村姉谷大明神也浅山社式同于是神朝山
宇比瀧大明神是也阿利社又阿利社式記阿利神
社同社坐加利比賣神社是則高岸郷天神安渡
橋之中路阿利奈森神社是也波須波社者在伊
秩郷餘戸里下橋浪村田中大明神也

田俣山郡家正南一十九里　有梔枌

第三冊　四十六　オ

長柄山郡家東南一十九里　有梔枌
此山者在于乙立俗呼曰田代《タシロ》山是也

吉栗《クリ》山郡家西南二十八里　有梔枌也所謂所造天下大神宮挟造山也
此亦乙立村山名也一十九里今三里六町上又同也
鉄云此山者伊秩郷一窪田村中久利奈山是也有此山足所造天下大神御子阿太加夜努志命廟社也
廿八里者今四里廿四町也

宇比多伎山郡家東南五里五十六歩

第三冊　四十六　ウ

大神之御屋也
鉄云在此山神朝山郷合祭所謂真玉着玉之邑日女命与大穴持命之社俗呼曰宇比瀧大明神是也

稲積山郡家東南五里七十六歩　大神之稲積也

陰山郡家東南五里八十六歩　大神之御陰

稲山郡家正東五里一百一十六歩　東有樹木三方並礒也伏神御稲

桙山郡家東南五里二百五十六歩　南西並有樹木東北並礒也御稲桙

第三冊　四十七　オ

冠山郡家東南五里二百五十六歩　大神之御冠
鉄云此五山者皆在宇比瀧左右前後山名也

諸山野所在草木白般桔梗藍漆龍膽
商陸續断独活白芷秦椒百部根百合
巻柏石斛升麻當帰石葦麥門冬杜仲
細辛茯苓葛根薇蕨藤李蜀椒檜杉赤
桐白桐椎椿槻柘楡蘗楮　禽獸則有
鵰鷹晨風鳩山雞鵠猪狼鹿兎狐獼猴
飛鼯也

神門川源出飯石郡琴引山北流即經
來嶋波多須佐郷出神門郡餘戸里向
立村即神戸朝山古志等郷西流入水
海則有年魚鮭麻須伊具比

欽云神門川水源出自飯石郡來嶋郷赤宅里
中由來村琴神山記作琴引又有飯石郡須
佐波多兩川入于此川合流歷神門郡餘戸等
數處郷西折入于神門水海也所謂向
立村者橋波村神戸里者一所原村水海則神門

郡神西湖水海也

多岐小川源出郡家西南卅三里多岐
ゝ山北西流入大海 有年魚

欽云多岐小川即田儀川也古卅三里今五里十八
町多岐ゝ山即又田儀之深山也

宇加池周三里六十歩 來食池周一里
一百卌歩 笠柄池周一里六十歩 刺屋
池周一里 神門水海郡家正西四里
五十歩周卅五里七十四歩裏則有鯔

魚鎮仁須受枳鯯玄砺也 水海与大
海之間有山長廿二里二百卅四歩廣
四里此者意美豆努命之國引坐時之
綱矣今俗人号云薗松山地之形体壌
石並無也白沙耳積上即松林茂繁四
風吹時沙飛流掩埋松林今年埋半遺
恐遂被埋已与起松山南端美久我林
盡石見与出雲二國堺中嶋埼之間或
平瀕或陵礒凡北海所在雜物如楯縫

郡説但無紫菜

欽云宇加池周三里六十歩今十九町古志郷宇
加池是也笠柄池周一里六十歩今七町言古志
郷知井宮俗阿佐加羅池蓋是耶來食池周
一里一百四十歩今八町廿間未知其處也刺屋
池周一里則今六町在今塩冶郷只谷防堤也
神門水海郡家正西四里五十歩今廿四町五十
間周三十五里七十四歩又今五里卅一町十四間
蓋夫遠今之村里量古之碧湖水際則郡家

正西今二十四町五十間者知井澳村當亭首自此
遶神西三部二部大池板津佐須弥西園湊荒
木濱村入南修理免菱根遙堪常松江田松
下橫引下庄後尾知井澳村周囲路程今六
里有餘矣則濱村矢嶋江田入南菱根都五ケ
村松下園村橫引下庄大嶋知井沖村神西沖
村等又都七ケ村此等諸村悉以為水海中矣
矣出雲大河東落既雖絶流此辺猶陂澤沮洳水
患不去庶民憂之如所言于先及寛永年中

小山村三木氏与兵衛尉有心匝察水性路脉告
國老役民庶掘川瀉水今所築堀川是也従
是而還為耕田為民村呼彼之功可以嘉享
西園村亦下庄村秦氏喜兵衛尉落水埋澤以為
當畝凡二千斛許知井沖大嶋村神西沖村亦
遂成耕治民村耳　水海与大海之間有山長廾
二里二百卅四歩今三里廾八町　又廣三里今十八
町薗松山社名蓋可為意義豆努余欲而俗
呼言妙見社蓋謬之甚内典之説妙見菩薩主

星矣　按日本紀經津主命武甕槌命到出雲
國伊那佐之小汀向大己貴神云々　纂疏説
以經津主命謂鎮星之精云々矣以此社作
經津主神言妙見菩薩者也　出雲与石見二
國堺中嶋埼者口田儀与石州嶋津屋之堺深
蔵松以北海礒不言而可知矣

通道出雲郡堺出雲川辺七里廾五歩
通飯石郡堺堀坂山一十九里通同郡
堺與曽紀村廾五里一百七十四歩通

石見國安農郡堺多岐々山卅三里 路賞有剗
通同安農郡川相郷卅六里住常引不
有但當有政時權置耳

鉄云出雲川辺七里廾五歩今一里六町廾五間則
今大津之堰築側也　飯石郡堺堀坂山郡家
十九里今三里六町神門郡神戸里所原村与飯
石郡之堺須佐郷朝原村穂佐加明神所座山也
石見國安農郡堺多岐々山卅三里今五里十八
町則奥田儀村山也　同州川相堺卅六里今六里

第三冊　五十一ウ

第三冊　裏見返し

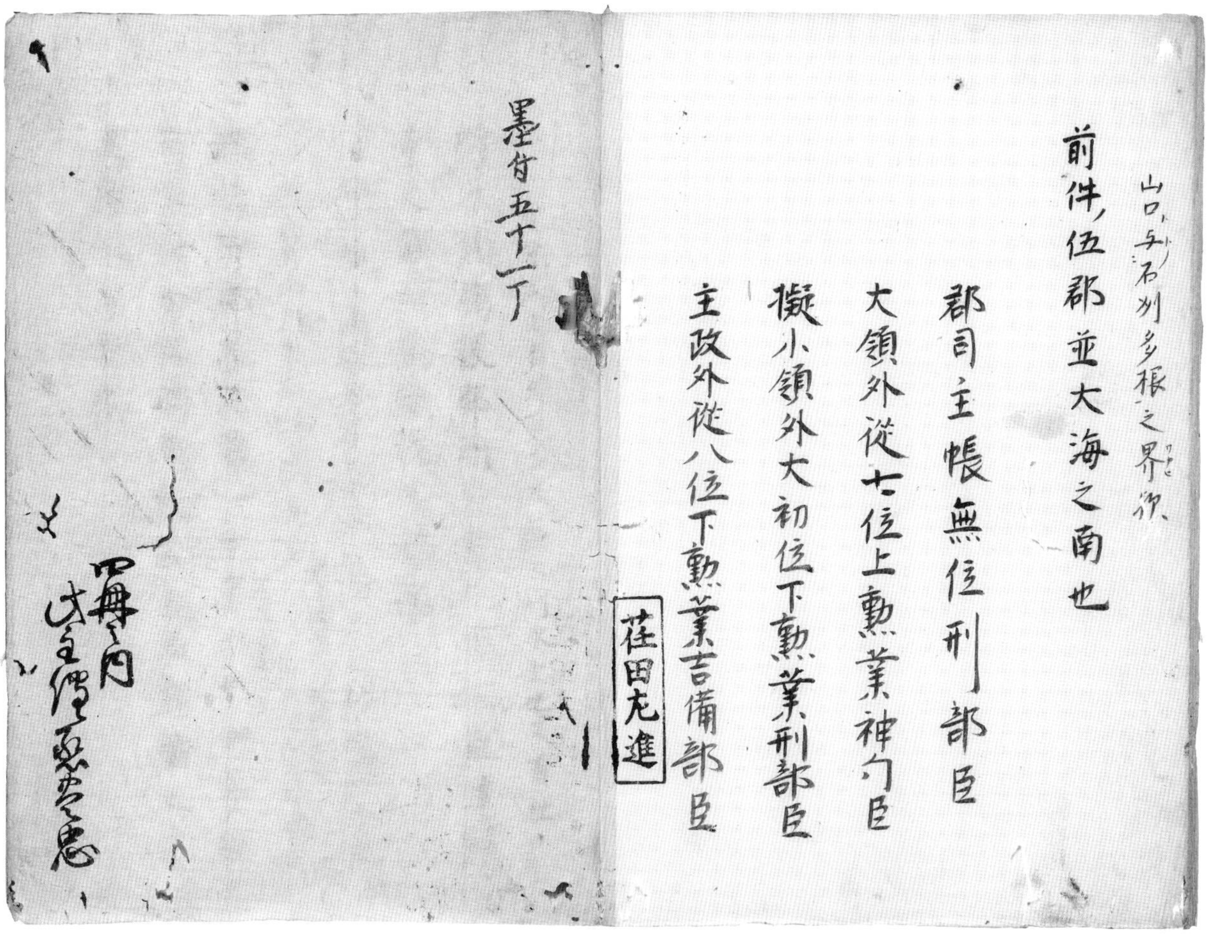

山口、手別石別多根之界歟

前件伍郡並大海之南也

郡司主帳無位刑部臣

大領外従七位上勲業神門臣

擬小領外大初位下勲業刑部臣

主政外従八位下勲業吉備部臣

墨付五十一丁

第三冊　裏表紙

第四冊　表紙

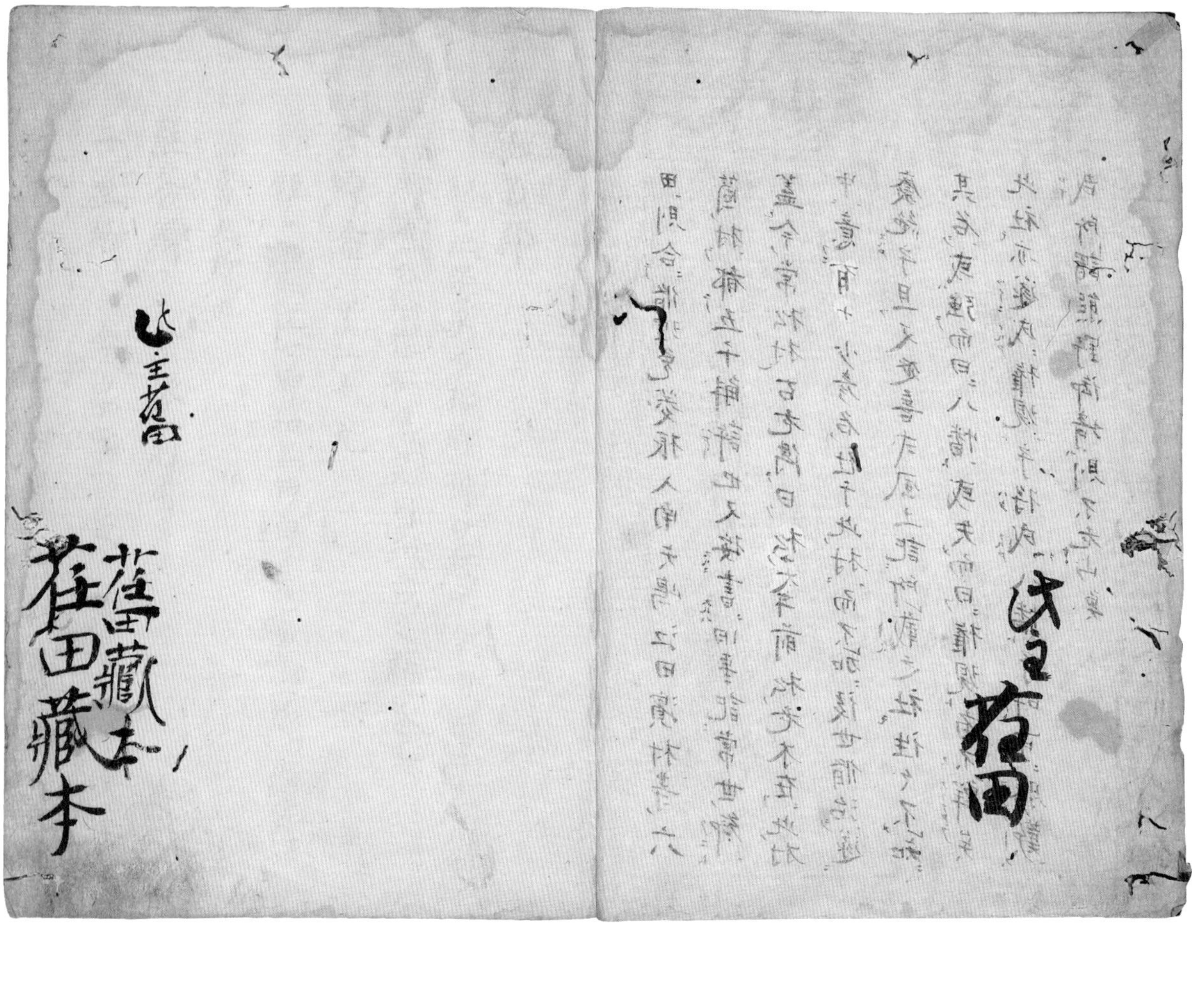

第四冊　表見返し

第四冊　遊紙　オ

飯石郡

鈔云此郡家多根郷掛谷村中今呼曰郡之處従
此諸方路程相應矣因知古之郡家也

合郷漆 里一十九

鈔云此記七郷和名鈔田井草原二郷共合以
為九郷也

熊谷郷 今依前用

三屋郷 今字三刀矢

飯石郷 本字伊鼻志

多祢郷 本字種

須佐郷 今依前用 以上伍郷別里参

波多郷 今依前用

来嶋郷 今字支自真 以上貳郷別里貳

所以號飯石者飯石郷伊毘志都幣命（此間一本有中字）

坐故飯石也（此下一本有又曰飯石郷郡家正東一十二里伊毘志都幣命天降坐処故云伊鼻志神亀三年改字飯石之三十字）

彦主按神名式有飯石神社

熊谷郷（郡）家東北二十六里古老傳云久（六字）

志伊奈太美等与麻奴良比賣命任身

及将産時来所生之尓時到来此處詔

甚久麻久麻志枳谷在故云熊谷也

鈔云古廿六里今曰四里十二町方路共下熊
谷村應是合之上熊谷以為此郷也

三屋郷郡家東北二十四里所造天下

大神之御門即在此處故云三刀矢 神亀

三年改字 即有正倉

三屋

鈔云二十四里今四里也合三刀屋市給下村
伊萱安田尾境粟谷殿川内大谷屋内法師田
里坊等十二所以為一郷也按和名鈔加草原

第四冊　二ウ

郷今三刀屋市東俗呼有云萱原處矣則分此郷中萱原三刀屋市栗谷三處以曼草原郷以餘外九處為三刀屋郷耳

飯石郷郡家正東一十二里伊毘志都幣命天降坐處故云伊鼻志 神亀三年改字飯石

鈔云此郷并多久和村中村六重神代川手村等五箇以為飯石郷有多久和村往還川辺磐石蓋旬伊毘志都幣降産所云

多祢郷属郡家所造天下大神大穴持

第四冊　三オ

命与須久奈比古命巡行天下時稲種堕此處故云種 神亀三年改字多祢

鈔云此郡家先蓋所言多祢郷懸谷村中今日郡之處矣則併掛合多根松笠坂本乙多田加食田掛合宮内村吉田村以為多祢郷也和名鈔合此郷中吉田村曽木上山及仁多郡上阿井内田井須山辺以別載田井郷矣旬掛谷中日倉城有多加与四郎及高野山光定者據守于此有彼等之領地十四箇村改俗呼掛谷千貫

第四冊　三ウ

地又以此十四箇村私呼高掛合郷矣後郡家以西行三十町許曰松笠村有比于瀑布號云龍澄瀧予嘗公務暇往造乎其瀞御眺則巌矣高三十三尋渕深亦矣懸崖巨石間飛白雪翻龍絹水声聒々乱人雙耳東有石門行視之窟穴中太空洞廣十四五歩許其半入渕潭其半白沙皓々有翠壁磊砢處飛瀧権現乃観世音寔是可謂補陀海岸耶蠙洗塵軀無垢清浄且遥拝而退矣

第四冊　四オ

須佐郷郡家正西一十九里神須佐能袁命詔此國者雖小國々處在故我御名者非著木石詔而即已命之御魂鎮置給之矣即大須佐田小須佐田定給故云須佐即有正倉

鈔云一十九里今三里六町以此處宮内為郷標即有大宮大明神社是須佐鳥命神社也併之朝奈及部大路原田入旬竹尾穴見等以為須佐郷也及部有余戸東又有穴見村中見之

城廓又有此山中千岩屋意昔日居止逃亡之
悪少年于此依時々往来于人之村里啓鑰探
金帛或奪攘取姝美且殺越人于貨閔不
畏死之者阻邑里残害人民常以此岩窟
為己之巣穴者也人戦回之妖鬼亦宜世故
曰世傳鬼之城者耶

波多郷郡家西南一十九里波多都美
命天降坐家有故云波多

欽云西南一十九里者今之三里六町以畑村四津見

八神角井刀根志師村併而為波多郷也畑村都
類伎大明神者蓋波多都美命敢名于郷也
角井村雲石両國之境佐比賣山趾也

来嶋郷郡家正南卅六里伎自麻都美
命坐故云支自真　神亀三年改字来嶋

欽云此郷併上中下来嶋及赤穴佐見油来花
栗長谷都加賀等村以為一郷也記書来嶋
別里貳者蓋以来嶋上中下為一郷合
由来佐見長谷花栗四村為一郷別以赤穴

与都加賀為二里而已

須佐社　河辺社　御門屋社
多倍社　飯石社　以上五所并在神祇官
挟長社　飯石社　田中社
多加社　毛利社　兎比社
日倉社　井草社　深野社
託和社　上社　葦鹿社
粟谷社　穴見社　神代社

志志乃村社　以上十六所並不在神祇官

欽云須佐社者延喜式与之同則須佐宮内村神
社也川辺社同所而蓋伊津久志麻大明神也
御門屋社者式書三屋神社則三屋郷給
下村一宮大明神而奉祭大穴持社也多倍社者
式亦同之是則須佐郷及郡村神社也飯石
社者式亦同名在飯石郷多久和村往還之川
辺伊毘志都幣命降産大磐石社是也以上
式内以下十六社共式外社名方處絶挟長

第四冊 六ウ

社者多祢郷掛谷村佐長里加都子大明神也飯
石社者飯石郷六重《ムエ》村伊毘津大明神是也田
中社者在三刀屋郷安田《アンタ》村田中大明神也多加
社者三刀屋川上田井郷吉田村杉戸大明神是也
毛比社未考 毛利社者三刀屋郷伊加夜村一森
大明神是也 日倉社者在多祢郷掛谷村日倉
山神社也 井草社者三刀屋郷伊加夜村貴那
瀬大明神是也 深野社者田井郷深野村大
神也 託和社者飯石郷多久和村貴比津大明

第四冊 七オ

神是也 上社者在田井郷上山村夜久見神祠是
也 葦康社者同郷吉田村須我《スカヤ》谷大明神也 栗
谷社者三刀屋郷 津大明神也 穴見社者須佐
郷穴見村権現宮也 神代社者飯石郷神代《カウシロ》村
久仁加羽加大明神是也 志志乃社者波多郷志
師村劔大明神是也

焼《ヤキ》村《ムラ》山 郡家正東一里
鈔云焼村山郡家正東一里者今之六町蓋多
祢郷掛谷村是郡家東方山歟今見自郡

第四冊 七ウ

家南西去十二三町俗呼曰焼山有之而託与方
路頗大牙耳

穴《アナ》厚《アツ》山 郡家正南一里
鈔云去郡家今六町正南有山其名也

笑村山 郡家正西一里
鈔云此亦去六町以西山号也

廣瀬山 郡家北一里
鈔云六町以北見有此山矣

琴引山 郡家正南卅五里二百歩高三

第四冊 八オ

百丈周一十一里古老傳曰此山峯有
窟裏所造天下大神之御琴長七尺廣
三尺厚一尺五寸又有石神高貳丈周
四丈故云琴引山 有塩
鈔云琴引山俗呼言琴神山是也在来嶋郷
由来村山頂有権現祠所謂所造天下大神也
三十五里二百歩者今五里卅三町九間也

石穴山 郡家正南五十八里高五十丈
鈔云石穴山在来嶋郷赤穴村此山足跨備

石雲之域ニ乃シ鼎ニ分三國之封境ノ山也五十八里ハ今
九里廿四町
惜咋山郡家正南五十二里 有欲知
欽云惜咋山ハ蓋シ上来嶋郷小田ノ深山也五十二
里ハ今ノ九里也
野見木見石以三野並郡家南西四十
里 有紫菜
欽云此等ノ山ハ来嶋郷下来嶋村ノ山名也四十里ハ
今ノ六里廿四町

佐比賣山郡家正西五十一里一百卅
歩 石見与出雲二ケ国堺
欽云佐比賣山ハ雲州飯石郡波多郷角井村与石
州安農郡四加久村之堺今ノ三瓶山是也五十
一里一百四十歩ハ今ノ八里廿町廿間
堀坂山郡家正西廿一里 有杉松
欽云堀坂山ハ須佐郷朝原村宝坂大明神ノ所座山
名乃通神門郡神戸ノ里所原村之経路也
廿一里ハ今ノ五里六町

城垣野郡家正西一十二里 有紫草
欽云是ハ今ノ吉ノ民谷村俗ニ呼曰宇山十二里ハ今
ノ十二町也
伊我山郡家正北二十九里二百歩
欽云此山ハ三刀屋郷中今之伊加夜山是也廿九里ハ
今ノ四里廿三町廿間也
奈倍山郡家東北二十里二百歩
欽云此山ハ蓋シ須佐郷朝原村名梅谷ノ山也如キハ此
山ノ者非ニ郡家東北ニ乃シ西北ニ東字恐ハ西字ノ三字欤

廿里二百歩ハ今ノ三里十五町廿間也
凡諸山野所在草木卑解升麻當帰独
活大薊黄精前胡暑預白朮女委細辛
白頭公白恐赤箭桔梗葛根秦皮杜仲
石斛藤李榴赤桐椎楠楊梅槻柘楡松
榧蘗楮　禽獣則有鷹隼山雞鳩雉熊
狼猪鹿兎獼猴飛鼯
三刀屋川源出郡家正東一十五里多
加山北流入斐伊川 有年魚

第四冊　十ウ

欽云三刀屋川水源多加山備雲二國之堺吉田村杉戸
谷俗呼曰伊都礼山是也此水下稍入于斐伊川一千
五里者今二里半也
須佐川源於郡家正南六十八里琴引
山北流經來嶋波多須佐等三郷入神
門郡門立村此所謂神門川上也 有年魚
欽云須佐川水源琴引山見于前此川來來嶋郷小
田村深山備後國恵所郡堺經由來村琴引山辺
北流過來嶋波多須佐三郷下流入于斐伊川也

第四冊　十一オ

六十八里者今十一里十二町也
磐鉏川源於郡家西南七十里箭山北
流入須佐川 有年魚
欽云磐鉏川來下來嶋郷赤穴村与備後國三吉郡
横谷之堺箭山边北落過下來嶋八神四津見
逕神門郡餘戸里上橋一窪田八幡原流乙立村
合須佐川赴神戸里所原神朝山馬木村古志郷
入于神門湖水也契出雲大河東流後神門水海水
枯今僅如陂池曰之神西湖水以故此川亦自古志

第四冊　十一ウ

郷流經薗村湊原亘西方入于大海也
波多小川源於郡家西南二十四里志
許斐山北方流入須佐川有鐵
欽云波多小川則波多村川也志許斐畑村山岳也
廿四里者今四里也
飯石小川源於郡家正東一十二里佐
久礼山北流入三刀屋川
欽云此川飯石郷多久和川水源佐久礼山在于六
重村俗呼曰多伎坂山是也経神代多久和栗谷

第四冊　十二オ

合三刀屋川也正東一十二里者今之二里
通道通大原郡堺斐伊川边廿九里一
百八十歩通仁多郡堺温泉川边廿二
里通神門郡堺与曾紀村廿八里六十
歩通同郡堀坂山卅一里通備後國恵
宗郡堺荒鹿坂卅九里二百歩 經常有剗 通
道通三以郡三坂八十一里 經常有剗 波多
經須佐經剗但志都美經以上三經常
無剗但當有政時權置耳並通備後國

之
欽云大原郡堺斐伊川边廿九里一百八十歩有今四里
卅三町従下熊谷村大原郡斐伊川之渡口也　又
仁多郡堺温泉川边廿二里有今三里廿四町従
飯石郡川手村川東面仁多郡三沢郷内漆仁
里湯村等边也　神門郡与宵紀村卅八里六十歩
有今六里十三町自郡家考之蓋四津見村當
矣　同堺坂山卅一里有今五里六町當須佐郷朝
原村与神門郡所原村之堺也　備後國恵宗郡

郡荒康坂卅九里二百歩有今六里廿一町廿間　多
祢郷吉田村与備後國條原之堺也和名鈔以吉田
村曰田井郷　三以郡三坂八十一里有今十三里十
八町　赤穴与備後之堺歟

郡司主帳無位置首
大領外正八位下勲業大弘造
少領外八位下出雲臣

仁多郡
合郷肆　里十二
三處郷　今依前用
布勢郷　今依前用
三澤郷　今依前用
横田郷　今依前用

第四冊　十五　オ

第四冊　十四　ウ

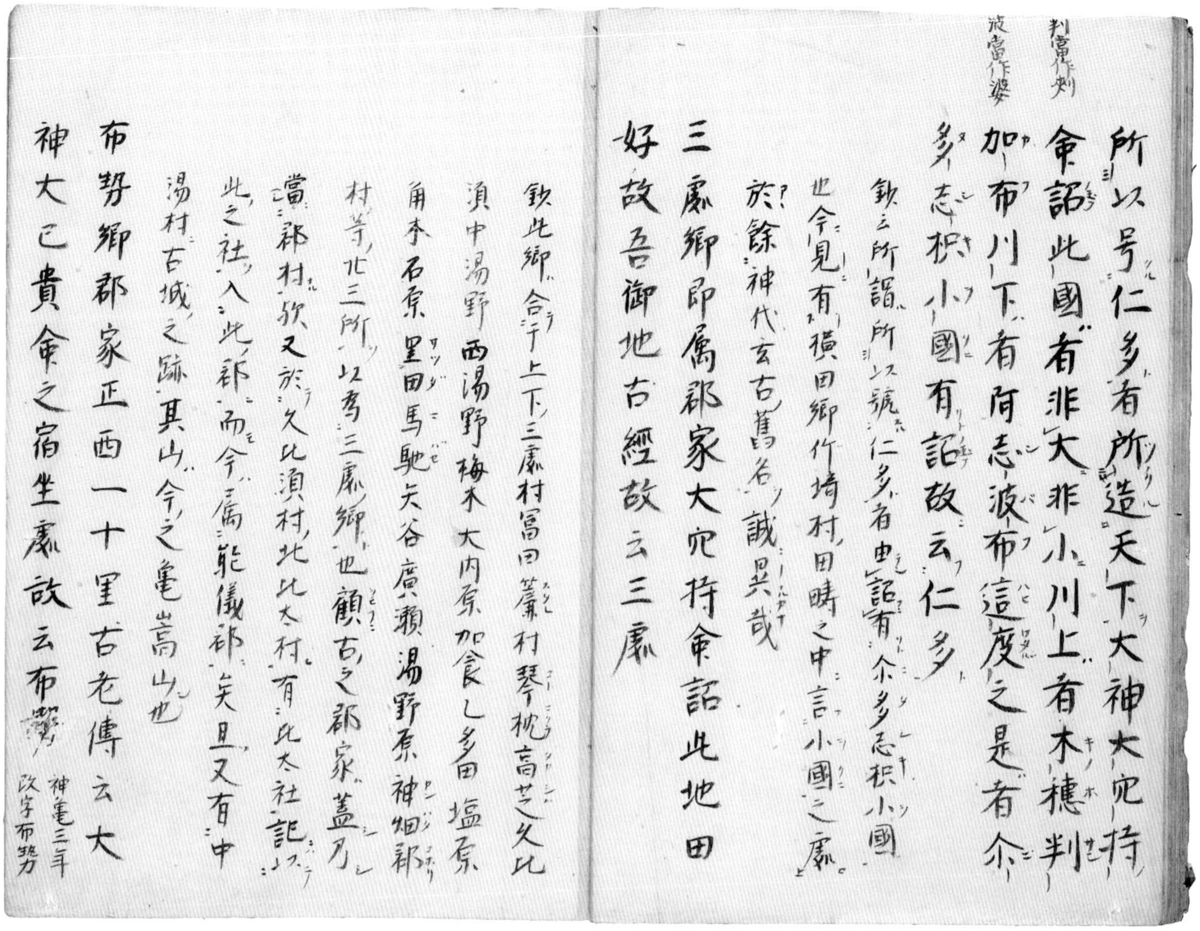
判當作剣
波當作婆
所以号仁多者所造天下大神大穴持
命詔此國者非大非小川上者木穂判
加布川下者阿志波布這度之是者尒
多志枳小國有詔故云仁多
欽云所謂所以號仁多者由詔有尒多志枳小國
也今見有横田郷竹埼村田畤之中言小國之處
於餘神代玄古舊名誠異哉
三處郷即屬郡家大穴持命詔此地田
好故吾御地古經故云三處

欽此郷合于上下三處村富田叢村琴枕高芝久比
須中湯野西湯野梅木大内原加食乙多田塩原
角李石原里田馬馳矢谷廣瀬湯野原神畑郡
村等北三所以為三處郷也顧古之郡家蓋乃
當郡村欲又於久比須村北比太村有比太社託以
此之社入此郡而今属能儀郡矣且又有中
湯村古城之跡其山今之亀嵩山也
布勢郷郡家正西一十里古老傳云大
神大己貴命之宿坐處故云布世 神亀三年改字布勢

第四冊　十六　オ

第四冊　十五　ウ

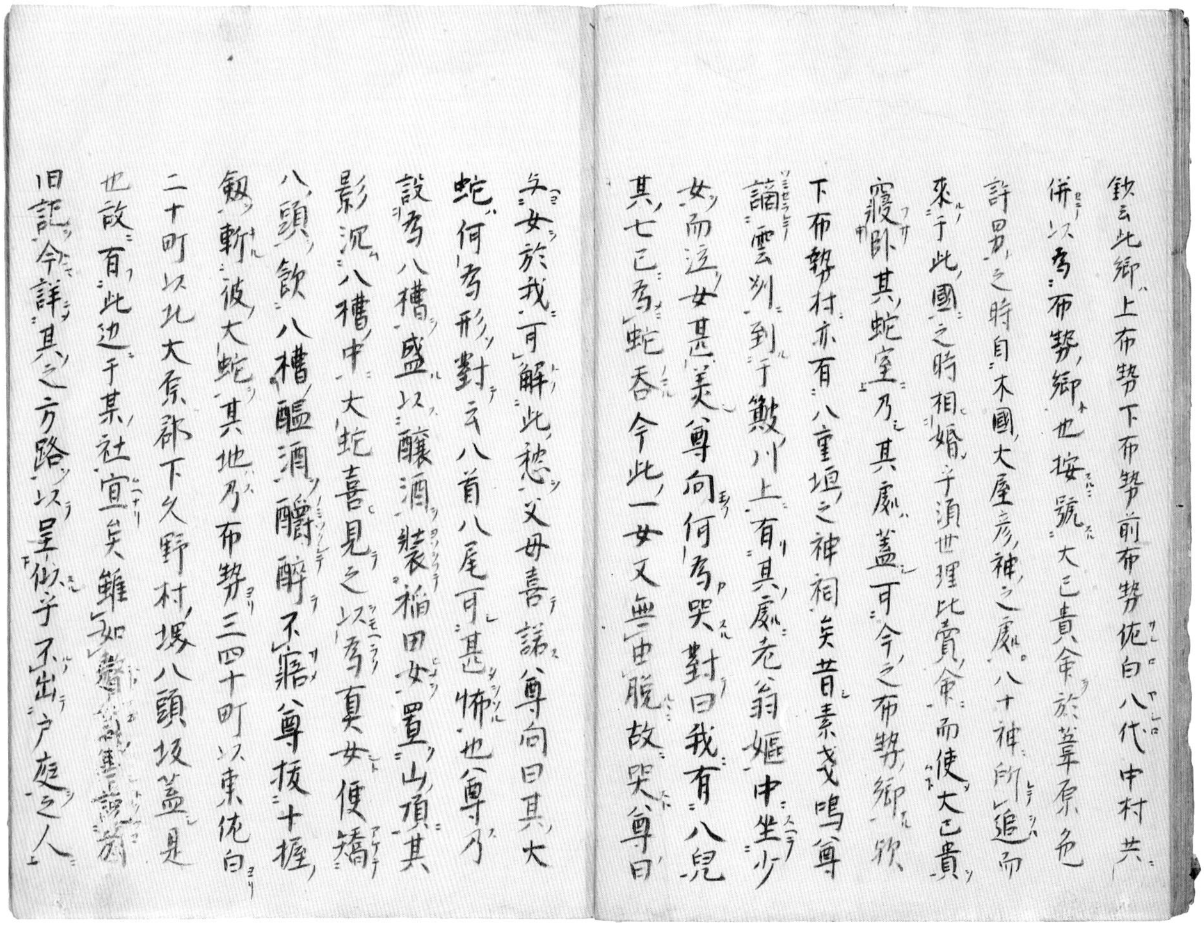
欽云此郷上布勢下布勢前布勢佐白八代中村共
併以為布勢郷也按號大己貴命於葦原色
許男之時自木國大屋彦神之處八十神所追而
來于此國之時相婚于須世理比賣命而使大己貴
寢郎其蛇室乃其處蓋可今之布勢郷欸
下布勢村亦有八重垣之神祠矣昔素戔嗚尊
謫雲州到于簸川上有其處老翁嫗中坐少
女而泣女甚美尊向何為哭對曰我有八兒
其七已為蛇呑今此一女又無由脱故哭尊曰

與女於我可解此愁父母喜諾尊向曰其大
蛇何為形對云八首八尾可甚怖也尊乃
設為八槽盛以釀酒裝稲田女置山頂其
影沉八槽中大蛇喜見之以為真女便矯
八頭飲八槽醞酒醉酔不寤尊抜十握
劔斬彼大蛇其地乃布勢三四十町以東佐白
二十町以北大奈郝下久野村堺八頭坂蓋是
也故有此边于某社宜矣雖如[illegible]
旧記今詳其之方路以呈似于不出戸庭之人

耳
三澤郷郡家西南廿五里大神大穴持
命御子阿遅須伎高日子命御髪八握
于生晝夜哭坐之辞不通尒時御祖命御
子乗船而率巡八十嶋宇良加志給鞆
猶不止哭之大神夢願給告御子之
哭由夢尒願坐則夜夢坐之御子辞通
則寤問給尒時御津申尒時何處然云
向給即御祖前立去坐而石川度坂上

至留申是處也尒時其津水治於御身
沐浴坐故國造神吉事奏参向朝廷時
其水活土而用初也依此今産婦彼村
稲不食若有食者所生子已不云也故
云三津 神亀三年改字三沢 即有正倉
鈔云此郷併湯村槻屋北原尾原石村比羅田
下鴨倉上鴨倉四日市原田鞍掛乙社大吉川内
三成堅田大谷高尾大馬木小馬木下阿井上阿井
等廿三所以為三澤郷和名鈔分上阿井下阿井

大馬木小馬木大谷高尾六箇以別割出阿位郷也
横田郷郡家東南廿一里古老傳云郷
中有田四段許形聊長遂依田而故云
横田即有正倉 以上諸郷所於鉄堅堪造雜具
鈔云此郷翁平竹埼代山中帳五反田馬場角村
横田市大曲下横田原田樋口稲田久羅屋福頼
八川等十五處以為横田郷也廿一里者今之三
里十八町所謂四段許田者蓋可為今五反田歟
此山中有岩屋寺開行基創之不知尒否哉

三沢社　伊我多氣社　以上二所並在神祇官
玉作社　須我乃非社　湯野社
比太社　漆仁社　大原社
御支斯里社　石壺社　以上八所不在神祇官
鈔云三沢社者祀阿遅須伎高日子命曰大森大
明神在是三沢郷原田村也伊我多氣社者
按素戔烏命帥其子五十猛神乗埴舟到于
簸川上鳥上之峯其鳥上峯則横田郷竹埼
村山名俗曰船通山也從此山去二里十二町 [illegible]

竹埼与中帳旬五十猛命曰鬼神大明神去此
處西北四十町許徙角村見今曰伊我多氣
大明神是也玉作社者在于三處郷中湯野村今
亀嵩山曰此託于玉峯山是也此社又曰玉上
神社矣須我乃非社者再在同郷菅火野山俗
呼此山於月光古城之陳跡也今廢替無此社
矣湯野社者同郷中湯野村大森大明神是也比太
社者比太村一宮大明神而今入能儀郡中也漆仁
社者三沢郷湯布弥大明神書漆仁里或出湯

川辺者共湯村事也大原社者三沢郷尾原村岩坪大
明神是也御支斯里社者布勢郷八代村加美役里大
明神也石壺社者三沢郷御埼大明神是也

鳥上山郡家東南卅五里　伯耆与出雲之堺　有塩味葛

鈔云此山詳于先卅五里者今五里三十町

室原山郡家東南卅六里　備後与出雲二國之堺有塩味葛

鈔云室原者備後國油木村与横田郷八川村堺山
名也卅六里者今六里也

灰火山郡家東南三十里

鈔云灰火者大谷村与小馬木中路山名也三十里者
今五里也

遊託山郡家正南卅七里　有塩味葛

鈔云遊託者阿位郷大馬木村山名也自是備後國乙
原村隣此山俗呼曰仙山蓋往昔王喬赤松之
徒遊于此峯食松葉服薜茘如不與龝光
匿名之士託迹於林巒乎遊託之號信有以乎
嗟千載無人山阿寂寥

御坂山郡家西南五十三里即此山有

神御門故云御坂　備後与出雲之堺有塩味葛

鈔云御坂山上阿位郷香谷山也是則雲州与備後國
高野山之封境近来此辺椀盃之木工居焉故俗
呼云木地山矣五十三里者今八里卅町也

志努坂野郡家西南卅一里　有紫草少々

鈔云志努阿位郷高尾村崖坂名也卅一里者今
五里六町也

玉峯山郡家東南一十里古老傳云山
嶺在玉上神故云玉峯

欽云此山見于上一十里者今一里廿四町也

城紲野郡家正南一十里　有紫草少々

欽云此野者在于三處郷加食村与横田郷大曲之中路也一十里者同于上

大内野郡家正南二里　有紫草少々

欽云此野者三處郷俗曰大内原村是也

菅火野郡家正西四里高一百二十五丈周一十里　峯有神社

欽云此野者在郡村高芝村上下三所角木石原

乙多田七箇間曠野丘隴名俗呼日光山是也峯社記之上

正西四里者今廿四町周十里者今一里廿四町也

戀山郡家正南廿三里古老傳云和尒戀阿伊村坐神玉日女命而上尒時玉日女命以石塞川不得會所戀故云戀山

欽云恋山者阿位郷高尾村俗呼曰志多布留山是也此處川口岩崖堆重崎嶇險阻有其處于

渕所謂玉日女命以石塞河口鰐魚不得登之處到于此仮鰐怖而震舌端退矣故俗曰舌振山也彼龍门魚得登者化為龍矣奮鱗鼓鬐鰐魚如登此處者點額暴腮乎抑將変為交龍将為比目魚亦未可知也鰐爲退乎信是奇怪不經之甚也

凡諸山野所在草木白頭公藍漆藁本玄参百合王不留行薺苨百部根瞿麥升麻抜葜黄精地楡附子狼牙離留石

斛貫衆續断女委藤李檜椙樫松栢栗柘槻蘗楮　禽獣則有鷹晨風鳩山雞鳩熊狼猪鹿狐兎獼猴飛鼯

室原川源出郡家東南卅五里鳥上山北流所謂斐伊川上　有年魚

欽云室原川者来横田郷竹埼村於横田市側与八川合北流也水源鳥上山見于上矣卅五里者今五里卅町也

横田川源出郡家東南卅六里室原山北

流此則所謂斐伊大川上 有年魚麻須鲂鱧等類
欽云横田川来横田郷八川村九折下北流於横田市次合流室原川也卅六里有今六里斐伊川見于下矣
灰火小川源出灰火山入斐伊川上 有年魚
欽云灰火小川来阿位郷大谷村其下梢合横田川也
阿伊川源出郡家正南卅七里遊託山北流入斐伊川上 有年魚

欽云阿位川水源遊託山見上此川亦北流下梢合横田川卅七里今六里六町也
阿位川源出郡家西南五十里御坂山入斐伊川上 有年魚麻須
欽云阿位川水源御坂山是亦見于先北流合横田川也五十里今八里十二町也
比太川源出郡家東南一十里玉峯山北流意宇郡野城川上是也 有年魚
欽比太川水源玉峯山見于右比太村事亦詳

于上此川経飯梨郷布部富田古川矢田等来松井村野城大明神祠前飯梨川源三此其一也
湯野小川源出玉峯山西流入斐伊川上
欽此水源玉峯山如上此川經中湯野梅木大内奈湯野神宮三成等取入横田川也
通道通飯石郡堺漆仁川边廿八里即川边有薬湯浴々則身穆平再濯則万

病消除男女老少晝夜不息駱驛往来无不得験故俗人号云薬湯也即有正倉
通大原郡堺辛谷村一十六里二百卅六歩
通伯耆國日野郡界阿志毘縁山卅五里一百五十歩 常有剗
通備後國恵宗郡界遊託山卅七里 常有剗

通同恵宗郡界比市山五十三里
常光剗但當有
改時権置多
欽云飯石郡界漆仁川辺廿八里、今ノ四里廿四町
大原郡界辛谷一十六里三百卅六歩、今二里廿
町五十六間今ノ槻屋村是也　伯耆國日野郡
阿志毘縁山卅五里二百五十歩、今五里卅二町
蓋横田郷代山村ノ東辺与伯州大菅村堺也
備後國恵宗郡界遊託山見于前、此山跨備
後國乙原村也　卅七里、肴今ノ六里六町也

同恵宗郡比市山五十三里、肴今ノ八里卅町上阿
位村呑谷山跨、備後高野山也

郡司主帳外大初位下品治部
大領外従八位下蝮部臣
少領外従八位下出雲臣

大原郡
合郷捌　里廿四
神原《カンバラ》郷　今依前用
屋代《ヤシロ》郷　今依前用
屋裏《ヤウラ》郷　本字矢内
佐世《サセ》郷　今依前用
阿用《アヨ》郷　本字阿欲

海潮郷　本字得塩
來次郷　今依前用
斐伊郷　本字樋　以上捌郷里参
所以号大原者郡家正西一十里一百
一十六歩田一十町許平原号曰大原
往古之時此處有郡家今猶追旧号大
原　今有郡家處号云斐伊村
欽云大原郡家者所謂斐伊村也一十里一百

一十六歩今一里廿五町五十六間今考自斐伊
郡家正西今一里廿五町有餘者飯石郡三刀
屋郷殿河内村當矣今此處無平原且又他
郡所謂大原者意不可郡家正西却一里廿
六町正東而當仁和寺村与前原之間歟此處
有平野曠矣樹林蓊欝蓋是可為古之
大原者西字審當為（字東之）必矣在或側聞予ヵ
之言語曰夫高山成渕後深渕成陵是古
今之通義也尓則予言不必尓也予曰吾

之言似理而迂土地変則宜其矣也地理分域
則古今無以異予所言之正地理分域而非土
地之変云於是予言者唯又此原震者大
東下分村所者大西村南者前原村坎者仁和
寺村也此村側有遠一畝村有情屋村
神原郷郡家正北九里古老傳曰所造
天下大神之神御財積置給一畝則可謂
神財郷而今之人猶誤云神原郷耳
欽云是今神原村有神宝大明神社　正北九

里今十八町旧事記曰纏向珠城宮御宇天皇勅
物部十市根大連曰屢遣使者於出雲國雖撿
校其國神財而無分明奏言者汝親行于出雲
國宜撿校定則十市根校定神財分明奏言
矣仍令掌神宝云所謂神財郷者蓋委積
云古以降神財於此地故名郷而已矣
屋代郷郡家正北一十里一百一十六
歩所造天下大神之垜立射處故云矢
代　神亀三年改字屋代即有正倉

第四冊　二十八ウ

欽云此郷并東西三代以為屋代郷西三代
有出雲大河側神納郡上郷中和久和村東辺
洲有之地也正北一十里一百一十六歩有今之一
里廿五町五十间也
屋裏郷郡家東北一十里一百一十六歩
古老傳曰所造天下大神令殖矢給𦗟
故云矢内 神亀三年改字屋裏
欽云此郷翕孚宇治南加茂加茂中村延野大竹
楯尾岩倉新宮砂子原近松立原大埼等一

第四冊　二十九オ

十二𦗟以為屋裏郷也宇治三社有祀所造天下
大神記宇乃知社是也東北一十里一百一十六歩
今之一里廿五町五十六间也
佐世郷郡家正東九里二百歩古老傳
曰須佐能袁命佐世乃木葉頭刺而踊
躍為時所刺佐世木葉墮地故云佐世
欽云郡家正東古之九里二百歩有今之一里廿
一町廿间則下佐世村當矣奘有併上佐世下
佐世大之谷飯田粮加等五所以為此郷也

第四冊　二十九ウ

阿用郷郡家東南一十三里八十歩古
老傳曰昔或人此所山田佃而守之尒
時目一鬼來而食佃人之男尒時男之
父母竹原中隱而居之時竹葉動之尒
時所食男云動々故云阿欲 神亀三年改字阿用
欽云此郷者併於西阿用東阿用毘村川合上久
野下久野下阿用清田大木原金坂此等一
十一𦗟以為阿用郷也東南一十三里八十歩有
今之二里七町九间也

第四冊　三十オ

海潮郷郡家正東一十六里三十三歩
古老傳曰宇能治比古命恨御祖須美
弥命而北方出雲海潮押上漂御祖之
神此海潮至故云得塩 神亀三年改字海潮即東
北須我小川之湯渕村川中温泉不用号
同川上毛间川中温泉出不用
欽云此郷有須我村引坂村蘆沢山王寺南村
北村小川内村加利畑村塩田箱渕笹谷湯村迄
石村以上十三𦗟加之於新庄田中成木織部

稲村大東市山田村等八ケ村都并以為海潮郷
也此郷中以須我里俗云諏訪者訛矣須我大
明神所座之故名地先雖言之又贅于爰従
須我里坤去四里餘於仁多郡佐白村与大
原郡久野村之界八頭坂素尊為稲田姫既
殺八岐大蛇已還来于此里素尊詔我心
清々遂作宮于此娶稲田姫生子号曰須
我湯山主命其湯山主命者与大己貴命異
名同体故合祭彼三神於此里曰須我大明神

是也纂疏曰清之湯山主者出雲清地有温泉
故為名益信古者此三社在于此地去艮四
里許徒奈意宇郡佐草村今八重垣大明神
是也所謂押止海潮之神社者在今南村也
来次郷郡家正南八里所造天下大神
命詔八十神者不置青垣山裏詔而追
廢時此義追以生故云来次
欽云此郷者今西日登東日登寺領宇谷来次市
等五所以為来次郷也按郡家正南八里者今之

一里十二町従斐伊郡家到于今来次市才十二町許
矣者今一里十二町者或西日登或寺領宇谷之辺
當矣
斐伊郷属郡家樋速日子命坐此處故
云樋 神亀三年改字斐伊
欽云此郷者則古之属郡家也夫自仁多郡鳥上
峯流出水又諸處小川等入合于此水到斐伊
郷遂為大河無大雲列於此川也旧記往々言
或簸川或肥川又或斐伊川出雲大川者共

以此川也又此郷中在昔素尊有殺大蛇埋其
骨角之地八株標杉不知 風霜
柯者如青銅根者如黒鉄崖嵬碧餘永掩郊
原遮徹雨扶疎翠葉長拂雲衢来好風如
雖大厦要棟梁材慎怖其神木更無斧斤
之患故万牛不挽之五丁不動之雖被常神明
之威護嗟復有化工在期寛永 癸酉歳鴻水
動流其根次以枯槁矣其後山田氏源次郎
追旧以手自植新杉八株云郎在斐伊田

畴俗呼云骨杉是也或曰此事太近于妖妄而意鴻荒草昧代之蛇骨有無何必乎予曰吾子之疑似其不実害于素尊大蛇者則非簸川上非簸川既已有在也何特疑蛇骨之有無乎哉且彼巴陵之蛇骨防風之骸骼如斯之類異域亦非無云疑者於是乎默矣

新造院一所在斐伊郷中郡家正南一里建立厳堂也有僧五軀大領勝部君虫麻

呂之所造也

勘云正南一里者今六町斐伊村木次之间有路傍之茅堂蓋勝部虫麻呂之所造之旧地乎又有此辺于貴龍山洞光寺禅宇此等咸後世之所造耶蓋往古者雖建立一寺大概皆有官令有定額後世有力之者猥造創之故諸郷諸村往々有茅堂院宇不遑枚挙而已

新造院一所屋裏郷中郡家正北一十里一百二十歩建立層塔也有僧一軀前少

領田部臣押嶋之所造今少領伊去美之従父兄也

勘云正北一十里一百廿歩者今一里廿三町押嶋之所造院者蓋屋裏郷大竹村光明寺歟今者廃圯無層塔院宇僅不絶如綫耳

新造院一所在斐伊郷中郡家東北一里建立厳堂有尼二軀斐伊郷人樋伊支知麻呂之所造也

勘云郡家東北一里者今六町樋伊支知麻呂之所造招提者従斐伊往反于東北佐世村之

径路茆堂是彼旧蹤乎

矢口社　宇乃遅社
布須社　御代社
神原社　樋社
佐世社　西裡陀社
加多社　以上十三所並在神祇官
等々呂吉社　矢代社
月原社　幡屋社

支須支社
宇乃遅社
樋社
得塩社
赤秦社
比和社
春殖社

第四冊　三十四　ウ

船林社　宮津日社　阿用社
畳谷社　伊佐山社　須我社
川原社　除川社　屋代社
以上十六所並
不在神祇官
鈬云矢口社者延喜式作八口是則神原郷草
枕山八口大明神社也俗傳云埋八岐大蛇之
首頭於此處矣宇乃遅社同社者式書宇能
遅神社同社坐須美彌神社是則合祭大已貴
于須美祢神須佐能表命俗曰宇治村三社大

第四冊　三十五　オ

明神是也支須支社者式書来次来次郷宇治村
室大明神也布須社者屋裏郷延野村布須宮
大明神也御代社者屋代郷東三代村尾留大
明神是也神原社者即神原郷神室大明神
也樋社同樋社此二社式載斐伊社同社坐斐
伊波夜比古神社今以斐伊郷宮崎大明神曰
斐伊波夜比古神社以八岐大蛇八箇《ヤツノ》角杉社云
樋社也佐世社者佐世郷加利山大明神而祭須
佐能表命也西裡陀社式記西利太神社是

第四冊　三十五　ウ

阿用郷清田村十二所権現是也得塩社式載海
潮是即祭宇能治比古命曰海潮郷南村大森
大明神加多社者同郷大東村加多大明神是也
以上十三社式内也赤秦社者屋裏郷大竹村阿加
波多大明神也其々呂吉社者来次郷西日登村
座登戸呂伎神社也矢代社者坐屋代郷三
代村高麻山青幡佐草日古命神社也俗曰
高塚大明神是也比和社者蓋屋代郷三代
村日吉神社歟日原社者来次郷日登村大森

第四冊　三十六　オ

大明神也幡屋社者幡屋村大明神也春殖社者
未考船林社者在海潮郷川中船岡山大明神而祭阿波枳閇委佐比古命之社也宮津日社者
斐伊郷日宮社也阿用社者阿用郷都頬伎大
明神是也須我社者海潮郷須我里今俗曰諏
訪大明神此事詳于前畳谷社者佐世郷大丁谷伊垣大明神是也除川社者小川内村大神也
屋代社者屋代郷三代村貴船大明神是也伊
佐山社川原社者未知其處也

菟原野郡家正東即屬郡家

鈔云菟原野者斐伊川辯一町許以東俗曰曽羅山八幡宮所座山是也

城名樋山郡家正北一里一百歩所造天下大神大穴持命為伐八十神造城故云城名樋也

鈔云城名樋山者斐伊郷古城山也東北威山以南小川以西大河此山辺俗呼云飯埼是也

佐草氏自清語予云本文代字如伐字誹予

誹意為伐八十神造城如是見可矣

高麻山郡家正北一十里二百歩高一百丈周五里北方有樫椿等類東南西三方並野也古老傳云神須佐能袁命御子青幡佐草日子命此山上麻蒔祖故云高麻即此上峯坐其御魂也

鈔云高麻山在屋代郷三代村俗曰高塚山是也所謂青幡佐草彦社者在此山上頭一十里二百歩者今一里廿七町二十間也

須我山郡家東北一十九里一百八十歩有檜枌

鈔云須我山海潮郷神明座山俗呼云保宇奈塚山是也東北一十九里一百八十歩者今三里九町也

船岡山郡家東北一十六里阿波枳閇委奈佐比古命曳来居船則此山是矣故云船岡

鈔云船岡山在海潮郷北村与南村之間今船山

是也一十六里者今二里廿四町也

御室山郡家東北一十九里一百八十歩神須佐乃乎命御室令造給所宿故云御室

鈔云御室在海潮郷飛石村山名也一十九里一百八十歩者今三里九町也

凡諸山野所在草木苦辛桔梗菩茄白芷前胡独活萆薢葛根細辛茵芋白前説月白歛女委暑預麦門冬藤李檜杉

大原郡

栢樫櫟椿楮楊梅海槻蘗　禽獣則有
鷲晨風鳩山雞鵠熊狼猪鹿兎獼猴飛
鼯
斐伊川　郡家正西五十七歩西流入出
雲郡多義村　有年魚麻須
欽云此川詳上來諸所故省矣
海潮川　源出意宇与大原二郡界入矣
村山北自海潮西流　有年魚　少々
欽云海潮川水上者來意宇郡塀小川内村刈

畑村於北村南村之間合于須我川西流也
須我小川　源出須我山西流　有年魚　少々
欽云此川水源者出意宇郡熊野村界高鍔
山忌部村界佐井谷両所合流來須我村於
南村側又合潮川西赴矣
佐世小川　出阿用山北流入海潮川　無魚
欽云佐世小川出西阿用久野谷亀谷經大ケ
谷佐世艱加立原數所合須我川也
幡屋小川　源出郡家東北幡箭山南流

无魚
水日氷合西流入出雲大河
欽此川小水源三一者出遠所村及者出山田村
畑谷一者出幡屋村丸倉山此三水合仁和寺村
松谷側至大東下分米奈山辺合須我川為加
茂川西流經屋裏神奈等郷入出雲大河也
屋代小川　出郡家正東正除田野西流
入斐伊大河　無魚
欽云此川過三代村高塚山之辺自志ケ谷北流
西折入斐伊大河也

通道　通意宇郡林垣坂廿三里八十五歩
通仁多郡辛谷村廿三里一百八十二歩
通飯石郡堺斐伊川辺五十七歩
通出雲郡多義村一十一里二百廿歩
前件参郡并山野之中也
欽云意宇郡至林垣坂廿三里八十五歩者今三里卅
一町廿間林垣坂者大原郡山田村与意宇郡和奈
佐村之堺鴨《ヒヨトリ》坂是也　仁多郡辛谷村廿三里一百

第四冊　四十ウ

八十二歩者今三里卅三町辛谷者大原郡西日登村
与仁多郡槻屋村之堺也　飯石郡堺斐伊川辺
五十七歩者今五十七間也　出雲郡多義村一十一里
二百六十歩者今一里卅三町大原郡三代与出雲
郡上阿宮之堺也

郡司主帳無位勝部臣
大領正六位上勲業勝臣
少領外従八位上額部臣
主政無位置臣

第四冊　四十一オ

自下本字分明不待於欽且方路締接而雖不可
分離之矣欽之一處則路尺紛々而太難辨云
且絶於句截於讀以令見人易曉之耳

道度

自國東堺去西二十里一百八十歩
至野城橋長三十丈七尺廣二丈六尺

飯梨川

欽云去西二十里一百八十歩者今三里五十町則從國
東界関村西至于野城橋之路程也野城橋者能儀
郡野城駅家今之松井村能儀明神社前川曰之

第四冊　四十一ウ

飯梨川又冨田川是也詳于前

又西二十一里至國廳意宇郡家北十
家衢即分為二道（一正西道 一枉北道）枉北道去北
四里二百六十歩至郡北堺朝酌渡（渡八十歩 渡船一）

欽云西二十一里者今三里十八町也國廳即意宇
郡出雲村十字衢也本文家衢字恐字衢歟自北
二道別矣去北四里二百六十歩者今二十八町九六
間則自間浮福冨村渡頭也

第四冊　四十二オ

又北一十里一百卅歩至嶋根郡家自
郡家去北一十七里一百八十歩至隠
岐渡千酌驛家濱（渡船）

欽云北一十里一百卅歩者今一里七六町十間嶋根
郡家者今本庄新庄二村之間也去北一十七里一
百八十歩者今二里卅三町　隠岐渡頭即千酌浦也

又自郡家西一十五里八十歩至郡西
堺佐太橋長三丈廣一丈（佐太川）

欽云西一十五里八十歩者今二里十九町廿間佐太

巻末

第四冊　四十二　ウ

橋今ノ船来橋是也
又西八里三百歩至秋鹿郡家又自郡
家西一十五里一百歩至郡西堺
欽云西八里三百歩者今ノ一里十七町 秋鹿郡家者
秋鹿村姫二社大明神鎮座ノ辺也 西一十五里一百
歩者今ノ二里十九町四十間 郡ノ西堺者秋鹿ノ伊野
与楯縫小佐香江之堺也
又西八里二百六十四歩至楯縫郡家
又自郡家西七里一百六十歩至郡西

第四冊　四十三　オ

堺
欽云西八里二百六十四歩者今ノ一里十六町廿四間是
則楯縫郡家今呼多久和村是也 西七里一百六十
歩者今ノ一里八町卅間 郡西堺者楯縫与出雲之
堺意以宇賀川為昔日二郡堺也
又西一十里二百二十歩出雲郡東辺
即入正西道也惣拄北道程九十里一
百一十歩之中隠岐道一十七里一百
八十歩正西道自十字街西一十二里

第四冊　四十三　ウ

至野代橋長六丈広一丈五尺西七里
至玉作街即分為二道 一正西道 一正南道 正南道
十四里二百一十歩至郡南西堺
欽云西一十里二百二十歩者今ノ一里二十七町廿間是
則出雲郡家東辺而入正西道也 惣拄北道程九十里
一百一十歩者今十六里十九町五十間則出雲郡出雲
郷出西村而古之郡家也 隠岐道一十七里一百八十歩者
今ノ二里卅三町 自十字街西十二里者今ノ二里 野代橋
者意宇郡乃木与福富之川也往古是亦有橋而今

第四冊　四十四　オ

則無矣 西七里者今ノ一里六町 至玉作街者意宇郡
今ノ湯市ノ辺也 正南道十四里二百一十歩者今二里十五
町卅間 郡南西堺者意宇郡大谷与大原郡山田村之堺也
又南廿三里八十五歩至大原郡家即
分為二道 一南西道 一東南道 南西道五十七歩至
斐伊川 度廿五歩 渡船一
欽云南廿三里八十五歩者今ノ三里卅一町廿五間則
大原郡斐伊村郡家即分為南西東南ノ二道也 南西
道五十七歩者今ノ五十七間則達斐伊ノ河辺也

又南西二十九里一百八十歩至飯石郡家又自郡家南八十里至國南西堺通備後三次郡惣者國程一百六十六里二百五十七歩也

欽云南西廿九里一百八十歩者今四里卅三町廿間飯石郡家者掛谷《カケヤ》村也　南八十里者今十三里十二町即飯石郡赤穴村与備後三次郡之堺也　惣者國程一百六十六里二百五十七歩者今廿七里廿八町十七間此南西一道國程是也

東南道自郡家去二十三里一百八十二歩至郡東南堺又東南一十六里二百卅六歩至仁多郡比比理村分為二道其一道東方卅八里一百廿一歩至仁多郡家一道南方卅八里一百二十一歩備後國堺至遊託山

欽云東南道廿三里一百八十二歩者今三里卅三町二間　郡東南堺者仁多郡上阿位与飯石郡吉田村之堺也　又東南一十六里二百卅六歩者今二里

廿七町五十六間　仁多郡比々理村者同郡今上阿位村也是即東南道是亦分為二道也　其一道東方卅八里一百廿一歩者今六里十四町許　即仁多郡家三處郷郡村也　其一道南方卅八里一百廿一歩者今六里十四町即備後堺遊託山也　此山[illegible]許先矣

正西道自玉作街西方九里至來待橋長八丈廣一丈三尺

欽云西方九里者今一里十八町　來待橋今則無

又西三十三里三十四歩至出雲郡家自郡家西二里六歩至郡西堺出雲川渡五十歩渡船一又西七里廿五歩至神門郡家即有川渡二十五歩渡船一自郡家西四十三里至國西堺通石見國安農郡惣者國程一百[illegible]十四里二百十四歩

欽云西卅三里卅四歩者今五里十八町卅四間　出雲郡家者出西与求院之間也　西二里六歩者今十二町六間　又西七里廿五歩者今一里一町廿五間　即有

第四冊　四十六ウ

刈有今吉志川廿五歩有今廿五間 西四十三里有今
七里六町即到國西堺山口村也 惣有國程百五
十四里二百十四歩有今十七里廿七町五十四間
自東堺去西二十里一百八十歩至野
城驛又西二十一里至黒田驛即分為
二道 一正西道度隠岐國道也 隠岐道去北三十四里一
百十歩至隠岐渡千酌驛
欽云東堺有関村也 去西廿里一百八十歩有今三
里十五町 野城駅如上 又西二十一里有今三里十八

第四冊　四十七オ

町黒田駅記見 隠岐道北卅四里一百卅歩有今五
里二十六町九間 千酌駅詳前矣 昔日千酌是
隠州渡頭 今有笠浦北浦加賀三保関雲津此
等處々皆渡口也
又正西道三十八里至客道驛又西
十六里二百二十九歩至挟結驛又西
一十九里至多岐駅又西一十四里至
國西堺
欽云正西道三十八里有今六里十二町 客道駅有

第四冊　四十七ウ

有意宇郡完道郷佐々布辺 所曰今客道 則是
也 又西二十六里二百二十歩有今四里十五町有餘也
挟結駅有見上 又西一十九里有今三里六町 國
西堺有多岐村也
團
阜宇軍團即属郡家熊谷軍團飯石
郡家東北廿九里一百八十歩神門軍
團郡家正東七里馬見烽出雲郡家西
北卅二里二百三十歩土椋烽神門郡
家東南一十四里多夫

第四冊　四十八オ

志烽出雲郡家北一十三里卌歩布自
美烽嶋根郡家正南七里二百一十歩
暑恒烽意宇郡家正東二十八里十歩
宅波戍神門郡家西南三十一里瀬埼
戍嶋根郡家東北一十九里一百八十
歩
欽云此處有多闕文誤字欲文理甚不接續 故強
難解之矣 記大抵路程以俟後人之是正而已
意宇軍團有即出雲村所属郡家也 熊谷軍

第四冊　四十九　オ

第四冊　四十八　ウ

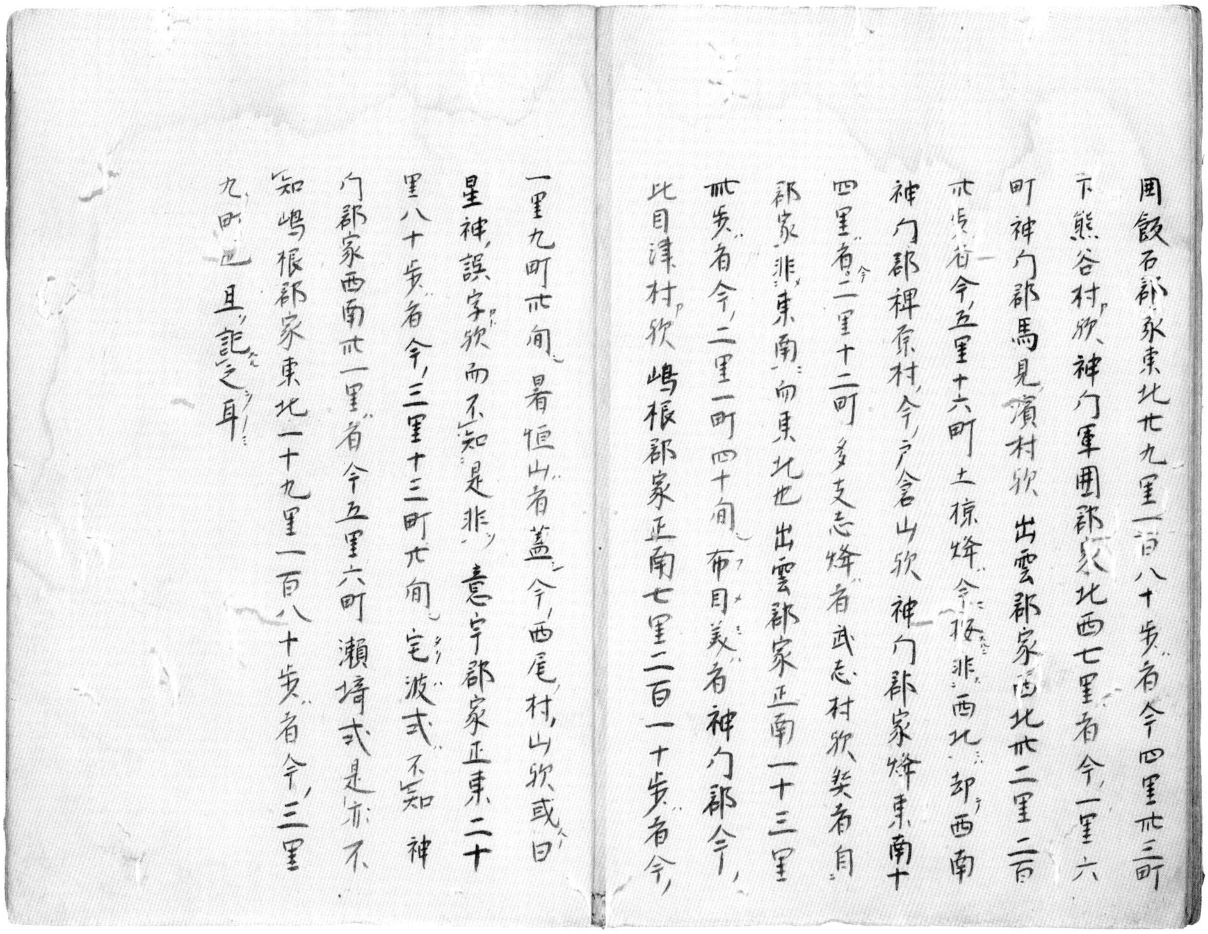

周飯石郡家東北廿九里一百八十歩者今四里廾三町下熊谷村歟 神門軍團郡家北西七里者今一里六町神門郡馬見濱村歟 出雲郡家西北卅二里二百卌歩者今五里十六町 土椋烽今椋非 西北 郡西南神門郡稗原村今戸倉山歟 神門郡家烽東南十四里者二里十二町 多支志烽者武志村歟 矣者自郡家非東南向東北也 出雲郡家正南一十三里卌歩者今二里一町四十間 布自美者神門郡今此目津村歟 嶋根郡家正南七里二百一十歩者今

一里九町卅間 暑垣山者蓋今西尾村山歟 或曰星神 誤字歟 而不知是非 意宇郡家正東二十里八十歩者今三里十三町廿間 宅波式不知 神門郡家西南卅一里者今五里六町 瀬埼式是亦不知 嶋根郡家東北一十九里一百八十歩者今三里九町也 且記之耳

第四冊　五十　オ（宏雄跋）

第四冊　四十九　ウ

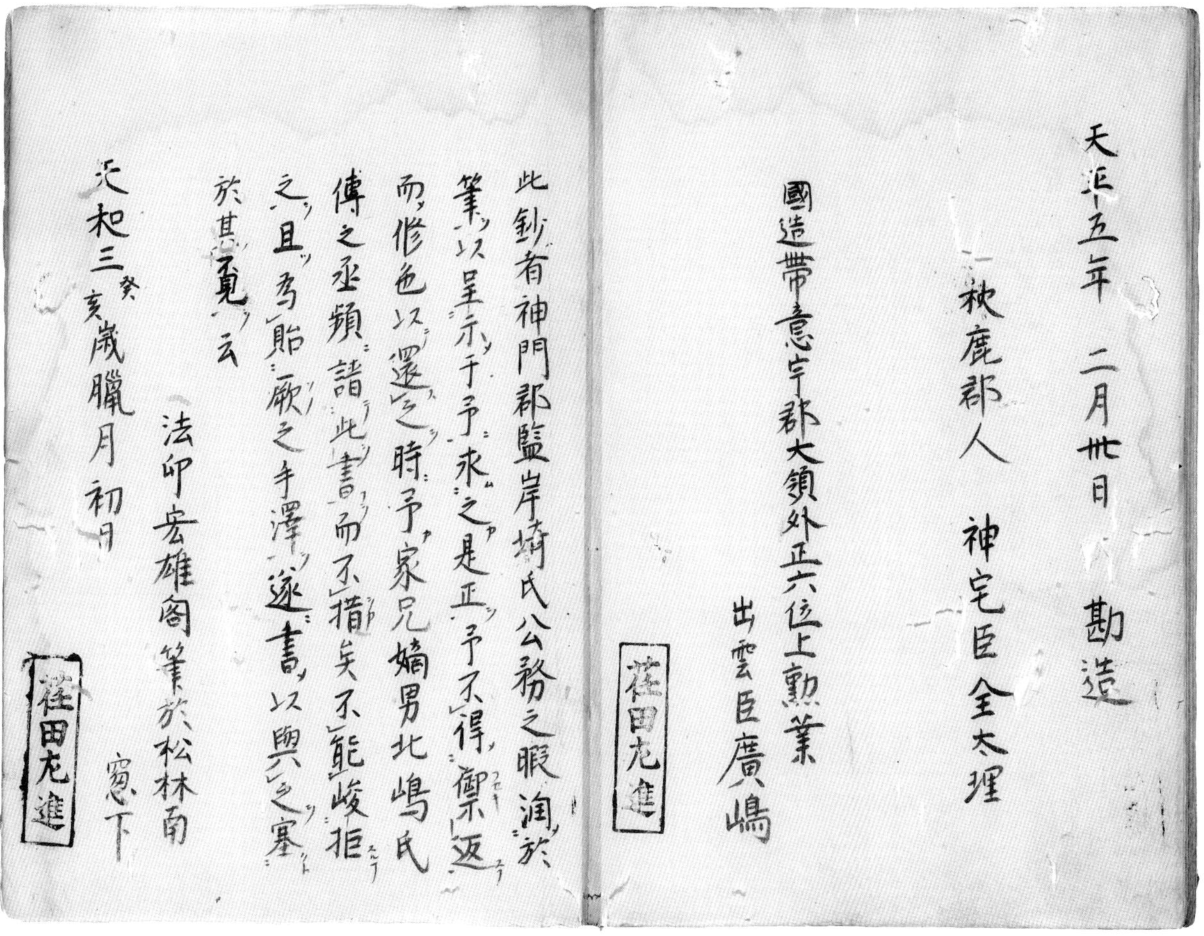

天平五年　二月卅日　勘造

秋鹿郡人　神宅臣全太理

國造帶意宇郡大領外正六位上勲業

出雲臣廣嶋

荏田龍進

此鈔者神門郡監岸埼氏公務之暇洵於筆以呈示于予 求之是正 予不得固辞而修色以還之 時予家兄嫡男北嶋氏傳之亟頻 請此書而不措矣 不能峻拒之 且爲貽厥之手澤 遂書以與之 塞於其見云

法印宏雄閒筆於松林南窓下

天和三癸亥歳臘月初日

荏田龍進

巻末

第四冊　五十ウ

第四冊　裏見返し

第四冊　裏表紙

出雲風土記鈔　解説

『出雲風土記抄』の成立と諸本（大日方　克己）

書誌解題と塗抹等一覧（岡　宏三）

『出雲風土記抄』の成立と諸本

大日方　克己

一、『出雲風土記抄』とその成立

『出雲風土記抄』（以下、本文では『風土記抄』）は天和三年（一六八三）に松江藩神門郡奉行の岸崎佐久次時照によって著された。『出雲国風土記』の最初の注解書である。

島根県立古代出雲歴史博物館所蔵本『出雲風土記鈔』（以下、出雲歴博本）には天和三年（一六八三）五月付の岸崎佐久次自序、同年陽月付の杵築松林寺宏雄の序、同年臘月初日付の宏雄の跋が附されている。それらによると次のような経過が知られる。

岸崎佐久次が宏雄のもとに原稿を持ち込み、それを宏雄が添削した。宏雄の甥、出雲大社北島国造家の伝之丞がそれを見て強く欲したので与えたという。出雲歴博本には「此本伝之丞豊忠」の書入があり、おびただしい修正の跡がある。書誌解題にあるように、宏雄が添削し北島伝之丞に与えた手択本そのものである可能性が高い。

『風土記抄』には多数の写本、異本が伝わっている。そのなかでこれまで最も良質な写本として一般に利用されてきたのは、島根大学附属図書館所蔵の桑原家本だった。[1] 出雲歴博本と比較すると、たとえば上書き修正の結果生じた空白部分も詰めずにそのまま空白とする、見せ消しの部分も見せ消しのまま書写するなど、その修正をほぼ忠実に書写した写本になっている。[2] 桑原家本の祖本が出雲歴博本になるといってよい。

『風土記抄』の大きな特徴は、地名の比定を行っている点にある。岸崎佐久次の自序には「直政公より綱近公まで御三代、予既に三十余二年四季に国中をめぐり、村里の東西南北其道度を踏み分て、高山の峯、短山のすそ、谷の小川の水上、神社仏閣の旧跡をたづね求む」と、松平直政から綱近まで三代の松江藩主に仕えた三二年間、出雲国内各地を巡ったとある。その成果が『風土記抄』となったのである。

松江藩の『列士録』によれば、[3] 岸崎佐久次は慶安三年（一六五〇）に勘定所詰となり、承応二年（一六五三）から明暦三年（一六五七）まで春秋検地立見御用をつとめた。万治元年（一六五八）に郷方役、寛文六年（一六六六）に地方役、延宝七年（一六七九）に神門郡奉行となるなど一貫して地方役人関係を経歴し、各郡を巡歴している。その間に松江藩の貢租についてまとめた『田法記』『免法記』を著している。[4] 三二年間にわたる巡回は、単なる趣味ではなく、地方役人としての職務そのものによるものだった。

地方役人は、年々の収穫を検査し年貢徴収額の算出などを専門的に担うもので、岸崎佐久次の経歴は松江藩の地方支配制度の成立過程と軌を一にするものだった。地方支配制度は、村を末端の行政単位として形作られるが、そのためには村とその下部単位の範囲と石高の確定が必要で、それは検地を通じて実現される。松江藩で検地が盛んに行われるようになるのは寛文年間以降だとされる。[5]

そのさ中、寛文四年（一六六四）には寛文印知が行われている。寛文印知では諸藩から提出された郷帳などの基礎資料に基づいて石高が決定され、将軍家綱から判物・朱印状が交付された。この郷帳作成にあたって、諸藩では郷村名の確定やその由来を明らかにする必要に迫られた。その過程で郡名、郡域が変更されたり、古代の郡名への復帰が目指されたりする事例も多かった(6)。松江藩でも寛文四年郷帳が作成され、松平直政には七月十一日に判物が交付された(7)。

同時に地誌を編纂した藩もあった。たとえば寛文三年（一六六三）『芸備国郡志』（広島藩）、同六年（一六六六）『会津風土記』（会津藩）、同七年（一六六七）『常陸国風土記』（水戸藩）、同九年（一六六九）『相馬風土記』（平藩）などがある。これらは中国方志に倣いながらも、古代の風土記を意識して編纂されたもので、寛文印知により領国把握とその歴史に直面したことが契機となったとされる(8)。

松江藩では、すでにそれ以前から風土記と古代が意識され始めていた。承応二年（一六五三）に藩主松平綱隆に従って出雲に下向した藩儒黒沢石斎が『懐橘談』を著している。各地の記述に『出雲国風土記』を多く引用しており、風土記に基づく地誌をつくる動きがはじまっていたといってよい。その後まもない万治元年（一六五八）には、楯縫・出東・神門三郡の郡域再編が行われた。治水工事によって宍道湖に流入する斐伊川河道が確定したことにともない、斐伊川右岸の楯縫郡や神門郡の飛び地が出東郡に編入され、郡名表記を古代の出雲郡にもどした。ただし訓みはこれまでどおり「しゅっとう」のままとされた。

このように古代を意識する動きが出雲国で決定的になるのは、寛文年間の出雲大社の正殿造営とそれにともなう神仏分離、中世の祭神スサノオから大国主神への回帰だった。いわば「古代」への回帰をめざした動きだった。その過程で出雲大社上官の佐草自清は、江戸幕府から大社造営の援助を引き出すにあたって、風土記や延喜式を引き合いに出して寺社奉行井上正利と交渉している。自清自身、日御碕本に由来する『出雲国風土記』を寛文二年（一六六二）までには所持しており、『風土記抄』にも自清の説が書き入れられるなど、風土記解釈にも大きな影響力をもっていた(9)。

黒沢石斎の『懐橘談』以降、風土記が地域の由緒を示すものとして知られはじめ、寛文年間を画期として、出雲大社の正殿造営や寛文印知などを通じて古代が意識される。そうしたなかで、地方役人として松江藩の郷村編成や年貢徴収システムの構築にかかわっていた岸崎佐久次は『出雲国風土記』を入手し、自分らが編成していった郷村、地域を風土記へと結びつけていく探索、作業を進めていったといってよい。その成果が『風土記抄』として結実した。それは多数の写本により流布し、地域の歴史意識、古代や神話につながる意識の形成に決定的な影響を与えていくことになる。

二、『出雲風土記抄』の記述の特徴

（一）補訂本としての『出雲風土記抄』

『風土記抄』は風土記本文を記し、それに対する岸崎佐久次の注解を「鈔曰」として記すものであるが、まず採用された風土記本文に大きな特徴がある。

現在知られている『出雲国風土記』の写本は、(1)島根郡神社の五社を除く大部分と、同郡加賀郷、生馬郷、同郡生馬川・多久川の一部が脱落している脱落本、(2)それらが補われている補訂本の二類型に大別され、さらに(3)加賀郷・生馬郷、生馬川・多久川のみが補訂された小脱落本も存在する(11)。

(1)脱落本には細川家本や日御碕本などの古写本とその系統を引く多くの写本が該当する。細川家本は慶長二年（一五九七）に徳川家康所持本を細川幽斎が書写し熊本藩細川家に伝わったもので、現存最古の写本である。日御碕本は尾張藩主徳川義直が寛永十一年（一六三三）七月に日御碕神社に寄進したものである。なかでも日御碕本から派生した写本は広く流布した。岸崎佐久次の所持本も日御碕本系で、風土記抄本文もそれから派生したものではないかとも推測されている。[12]

(3)小脱落本として注目されるのは、本居宣長記念館所蔵の明和八年（一七七一）本居宣長書写本と神宮文庫所蔵の天明三年（一七八三）益谷（荒木田）末寿書写本である。宣長書写本は谷川士清本を書写したもので、その宣長書写本を安永七年（一七七八）に伊勢内宮神官の中川（荒木田）経雅が書写し、それをさらに内宮神官の末寿が書写したものである。どうも宣長周辺から広まっていったらしい。[13]

問題は(2)補訂本である。文化三年（一八〇五）に開板された版本、千家俊信の『訂正出雲風土記』から始まって、明治～昭和初期の刊本の島根県皇典講究分所『出雲国風土記』（一九一一年）、同『校定出雲国風土記』（一九二九年）、戦後の多くの校訂本も、底本が細川家本であっても脱落部分を補訂している。[14]

この補訂本は『訂正出雲風土記』以前では、天明七年（一七八七）に内山真龍が撰した『出雲風土記解』、今井似閑が享保二年（一七一七）ころまでに撰した『万葉緯』所収『出雲風土記』（万葉緯本）があるが、今のところ『風土記抄』までしかさかのぼらない。

かつては島根郡神社などの脱落は早い時期に起こり、平安時代にはすでに補訂され、近世以前から脱落本と補訂本が併存していたと考えられた。[15]そしてその補訂本から再び一部が脱落したものが小脱落本（「再脱落本」）だとされた。[16]しかし近世以前にさかのぼる確実な補訂本は見出されていない。そのため岸崎佐久次が補訂したのではないかという考え方も提示されている。[17]岸崎が補訂したとすれば、その根拠が問題になる。

島根郡神社の脱落は在神祇官社十四社のすべてと、四十五社あったはずの不在神祇官社のうち大崎社・大崎川辺社・朝酌下社・努那弥社・椋見社を除く四〇社である。『風土記抄』は在神祇官社のすべてと不在神祇官三〇社を補っている。在神祇官社とは官社のことで、『延喜式』巻九・巻十（神名式）に記載される神社（式内社）になる。『風土記抄』は『延喜式』の記載順通りに在神祇官社を補っている。

細川家本などでは不在神祇官社の脱落部分の次に総計を「以上卌五所」と記しているが、日御碕本は「以上卅五所」としている。『風土記抄』は、日御碕本系写本に拠ったために、三〇社を補って合計三五社に達したところで、すべて補訂できたと考えていた可能性はあるだろう。[18]

三十社の補訂のされ方にも注意すべき点がある。現代の多くの校訂本は、在神祇官社十四社と不在神祇官社四十社が連続して一括脱落したとみて、残存している大崎社の前までに脱落部分を補っているが、『風土記抄』は現存する五社の記述の前後に脱落を想定して補訂している。補訂の結果須衛都久社が島根郡神社の最後に配置された。脱落の仕方としては不自然であるが、『風土記抄』ではこの配置で補訂することに意味があったのではないかと考えられる。

意宇郡神社を見てみると、鈔文では本文の順番とは異なって、意宇郡、能義郡の順に記した後、最後に意宇郡にもどって売布社一社だけを孤立して記している。須衛都久社は大橋川北岸に鎮座し、『雲陽誌』では堀尾吉晴が松江城を築城するにあたり鎮守としたとされる神社である。売布社はそれに対応するように大橋川南岸、松江白潟に鎮座する。『風土記抄』では大橋川をはさんだ松江城下の神社にこだわった神社の配列をしていることがうかがえる。

（二）『出雲風土記抄』の郷名比定の特徴とその視点

『風土記抄』の郷名比定にも松江藩地方役人・郡奉行を勤めた岸崎佐久次の問題関心が示されている。神社の比定には不明なものも少なくなかったが、郷・駅・神戸についてはすべて岸崎の時代の郷村に比定されている。記述の多くはパターン化されている。一例として神門郡塩冶郷をあげてみよう。

　蓋并二塩冶村内只谷・今市・大津等一以為二塩冶郷一。又来原・石塚中村、此等地亦大津属村也（下略）。

つまり、いくつかの村を挙げ、それらを合わせたものがこの郷になるとするパターンである。この場合は、さらに来原などの村をあげて、それが大津村の属村だと記すことによって、塩冶郷のなかに入ることを示している。風土記郷が今の（岸崎の時代の）どの村にあたるか、ではなく、今の村がどの風土記郷にあたるかという記述で、岸崎の時代の郷村からの視点になっている。

江戸時代中期の宝暦年間に成立した『雲陽大数録』には、出雲国の郷村浦の一覧が村高とともに記載されている[19]。その村・浦の約9割が『風土記抄』によって風土記郷に対応させられている[20]。対応していない村は新しく成立したものであるが、そうした村に対しても岸崎は記述を怠っていない。一例として、出雲郡健部郷の記述をあげてみよう。

　又有二此郷北、庄原・久木両村一、是等上古水沢中、近世埋成二民居一、福富・黒目・澳洲・中村是亦久木之支村也、

庄原・久木村は風土記郷に対応できない「近世」に成立した村であることを記述している。

風土記郷の一部とされた村についても、風土記と直接は関係のないことがらを記述する例も少なくない。意宇郡飯梨郷を一例としてあげてみよう。

　又聞富田城、平家勇士悪七兵景清之所レ築也、暦応比、塩冶高貞居二住于此城一。明得《（ママ）》年中、佐々木治部少輔高範居レ之領二於此国一、塩冶駿河守亦守レ之。近世、尼子氏世々拠二于此城一、到二乎義久一、為二毛利元就一所レ屠二於此城一、而遂失二乎国一矣。其後堀尾帯刀領二於雲陰一復保レ之、及二慶長十三年一、与二子息忠氏一議而相二攸于今松江之地一、闢二金城於萬基一矣。

飯梨郷に属すとされた富田村に関わって、塩冶高貞による築城から、尼子氏、毛利氏、堀尾吉晴へと続く富田城の歴史、さらに松江城の築城と移転までを記述する。

島根郡法吉郷も類似する記述になっている。少々長いが引用してみる。

(a)合二法吉及春日・末次三所一、以為二法吉郷一也、今末次有二五箇名一、曰二中原・黒田・奥谷・菅田・末次一。
(b)所謂、宇武賀比売命、飛度所レ座者、法吉村中、宇久比須谷是也。従二此処一、四町西南、有二大森大明神社一矣。
(c)又、此郷中、有二白髪之塁跡一。聞、尼子氏秉二於国柄一之時、家臣松田氏伊豆守・同左近・同兵庫割二拠于此一。弘治年中、毛利元就、傾二於尼子氏一之時、屯二営陣於荒隈山一、先追二走松田之城一、而白髪城北東、持田村山、従二元就一、置二斥侯一、遂略二屠富田本城一。尼子義久不レ利、降二于元就一、請レ和云、
(d)蓋、末次五箇、都五千斛許編戸也。先如レ云、慶長中、堀尾帯刀、去二富田一、徙二士于此処一、曰二松江城一。蓋此処、有二巨口細鱗之佳味一、故名二之松江一也。
(e)又有二末次内中原南辺、荒隈灘碩一、按、大己貴命、与二少彦名一、戮レ力一レ心、経二営天下一、遂到二出雲国一、乃真言曰、夫葦原中国、本自荒芒云々、然則、阿羅和美字、可為二本字荒芒一、後改作二荒隈一者也。
又以二中津国中字一置レ上、以二葦原原字一加レ下、以曰二中原一者也。
(f)又昭床社者、社家者之言、合二祭少彦名・高皇産・天照太神・素戔烏

命及大穴持命等五神一。所謂神与レ吾能相二作此国一耶。是時而有レ光、海依来云々。故号二昭床大明神一云、徙二春日村本宮社于奥谷一、而曰二春日大明神一矣。

まず(a)で、法吉・春日・末次（中原・黒田・奥谷・菅田・末次）をあわせた地域が法吉郷だとする。つまり大橋川以北の松江城下と隣接地が法吉郷にあたるとしている。(b)では、郷名の由来になるウムカイヒメ命の鎮座する場所が法吉村の宇久比須谷で、その西南に大森大明神があるとする。次に話題が転換して、(c)法吉郷の西辺荒隈山に毛利元就が陣を敷き、松田誠保らの守備する白鹿城を攻略して、その北東の持田村の山に斥候を置き、富田城を攻め尼子義久が降伏したことが述べられる。そして(d)慶長年中に堀尾吉晴が富田城から移って、末次に松江城を築いたことが述べられる。続いて(e)荒隈・中原の地名の由来を、オオナムチがスクナヒコナと天下をつくり出雲国にやって来たときに、葦原中国は「荒芒」だと言い、それが「荒隈」になったとし、また葦原中国の「中」と「原」をとって「中原」となったとする。最後に(f)照床大明神と春日大明神が移された話で締めくくられる。

法吉郷の説明を借りて、実は松江城下地域の由緒を説明する話になっている。強引ともいえる話で「荒隈」や「中原」の由緒をオオナムチに求めているのである。

このように『風土記抄』の郷名比定とその説明は、岸崎の時代、松江藩の郷村の視点に立って、その由緒を風土記と神話に結びつけようとした作業だったといえよう。

（三）岸崎佐久次自序の特徴

このような記述の特徴は自序に記される歴史意識からもうかがえる。

まず天地開闢、天御中主神、イザナキ・イザナミ、天照大神から神武、そして現天皇へとつながる皇統を述べる。ついで天照大神に従って政をとった月弓命・天古屋根命の流れが今の摂政につながるという摂関藤原氏執政の由緒が示される。次にスサノオ、オオナムチの天下統治が将軍家の始まりだとして武家政治の由緒が述べられる。天照大神を基軸に神代から天皇、公家、武家の統治とその由緒を体系化している。

それを受けて次に出雲国の統治者の歴史が述べられる。天孫に国譲りしたオオナムチが出雲国を領地として出雲大社に鎮座したことにはじまり、その後の断絶をはさんで尼子氏、毛利元就、堀尾吉晴・忠氏・忠晴、京極忠高、そして松平直政・綱隆・綱近と出雲国領主の推移を述べる。「大己貴命より綱近公にいたるまで九代」としているように、オオナムチから松平氏へと出雲国統治の歴史をつなげていくのである。

こうした神代、オオナムチにつながる歴史意識にもとづいて、松江藩の郷村を風土記、さらにオオナムチへとつなげていく作業が『風土記抄』だったといえよう。それは、岸崎佐久次が地方役人として松江藩の郷村編成と年貢徴収システムを作り上げた一人として、郷村の由緒、地域の由緒を風土記にさかのぼらせていく作業でもあった。それは、単なる「公務之暇」の趣味的な営みではなく、松江藩の地方役人としての職務と不可分の産物だったといってもよい。

風土記や神話と結びつくことが「発見」された地域の歴史意識が、『風土記抄』の広がりとともに拡大し、また根付いていくことになったといってよいだろう。『風土記抄』を、岸崎の時代の、岸崎が語る神代から近世に至る神話・伝説の体系、言い換えれば神話と風土記に結びつけた地域の由緒を語るものとして読み解く視点が必要だと考えられる。

三、『出雲風土記抄』の諸本

加藤義成はかつて『風土記抄』諸本一五点を確認し紹介したが、[21] それ以外にも多数見出すことができる。[22] 筆者もまだそのすべてを調査、確認できていないが、これまでのところではおおよそ(A)出雲歴博本系諸本、(B)勝部氏本・藤浪本系諸本、(C)俗解抄系諸本の三種類に分類できそうである。[23] 以下、順にみてみよう。

(A)出雲歴博本系諸本

出雲歴博本と桑原家本に代表される。両本の関係については前述した。ここではそれ以外の両本の系統をひく諸本を紹介する。なかでも重要な位置にあるものが、安芸国高田郡吉田の清神社神官の波多野為興所持本に由来する諸本群である。以下、波多野系諸本と仮称する。波多野為興がどこから入手したかは今のところ不明である。この波多野為興所持本の書写本は、浜田藩の学者小篠敏から伊勢の本居宣長に伝えられ、遠江の内山真龍の門弟高林方朗が書写し、真龍の『出雲風土記解』に影響を与えていくことになる。

波多野系諸本は、「伝来、波多野斎宮為興先生、明和七年二月二十一日灯火写終、小原大隅守義鄰謹書」を共通の奥書として持っている。①安永八年（一七七九）に本居宣長が子春庭に書写させ宣長が校合した本居本（本居宣長記念館所蔵）、②天明四年（一七八四）に①を高林方朗が書写した高林本（浜松市立中央図書館所蔵）、③寛政四年（一七九二）に源（岩松新田）温純が「伊勢神庫」本を書写させた新田本（群馬大学図書館所蔵）、④安永十年（一七八一）正月に岡山藩士肥経平が橋本現恭に書写させた池田家文庫本（岡山大学附属図書館池田家文庫所蔵）などがある。いずれも小篠敏に由来する。[24] そのほかに、書写年代、書写者不明の多和文庫所蔵本もある。

これら波多野系諸本に共通する出雲歴博本との大きな相違点は次の三点である。一点めは巻構成である。本居本・高林本は上・中・下三冊、新田本は乾・坤二冊、池田家文庫本は五冊、多和文庫本は上・下二冊となっている。もともとの四冊本を分冊して五冊本にしたものを、本居本以降合冊して、三冊ないしは二冊にしたものと推測される。

二点めは岸崎自序の体裁が、古代出雲歴博本・桑原家本は漢字と平仮名であるのに対して、波多野系諸本は漢字と片仮名の楷書体になっている。

三点めは、出雲歴博本・桑原家本の抹消、空白箇所を整理し、傍書訂正を本文に反映させ、頭書の書入も転写しており、出雲歴博系写本を整序して書写したものとみなせる。一方で、意宇郡総記の郷名の順序が異なっていたり、「鈔曰」「鈔云」が混在している。さらにたとえば島根郡蜛蝫島の本文において、出雲歴博本にみえる「天羽合鷲掠飛燕来」の「燕」に附された「衍歟」という書入を、「燕」字が「衍」字の誤りだと誤解して、「天羽合鷲掠飛衍来」とするなどの誤りも見受けられる。なお、同所は細川家本、日御碕本では「天羽合鷲掠飛来」となっている。

このような点からすると、波多野系諸本は出雲歴博本系とはいえ、それを一部改変した派生本としてもよいだろう。

(B)勝部氏本・藤浪本系諸本

この系統の写本には、国立国会図書館所蔵藤波剛一旧蔵本（藤波本）、島根大学附属図書館所蔵望月重熙書写本（望月本）、勝部氏所蔵本（勝部氏本）などがある。地誌『出雲鍬』に引用される『風土記抄』もこの系統である。

(A)との大きな違いは三点ある。一点めは、宏雄跋を欠き、宏雄序の表記にも一部相異がみられることである。藤浪本の序を掲げておこう。傍線部が出雲歴博本と相違する。

天和癸亥歳冬十月、岸崎氏馳乎走、封裏於書数巻投呈于予塵几頭。且疑且喜而披緘、乃雲州風土記而本文中三写魯魚頗不鮮也。欲読焉如箝口敢入于歯牙。其下低書而消解之悉矣。実国中之事跡、野人之俗称、郡県之名号、方路之遠近、炳然宛如看乎掌中之物也。蓋我国　神明之霊域而、且又雲州大神之英蹤。想夫六十余国之広矣、五畿七道之盛矣、多不聞先代之風土記漏残于世。吁乎惜哉、此書之蠹闕鼠毀夥矣、雖然有此消解、則後世博強之士、不推略而得詳革誤而帰乎正也乎。然即君之此挙、其豈曰少補之哉、於是乎遂書。

杵築松林寺法印破衲宏雄

天和癸亥歳冬十二月日

特に注目すべきは、宏雄序の日付が天和三年陽月（十月）ではなく、十二月になっている点である。

二点めは、郷の記述について表現が一部異なっていたり、省略、簡略化されたりしている例が多い。

三点めは、(A)では里程に関する記述がそれぞれの冒頭に配置されているが、(B)では最後に配置されていることが多い。一例として出雲郡健部郷を示しておこう。藤浪本には訓点が付されていないため、比較しやすいように出雲歴博本の訓点も省略した。句読点は引用者が付した。波線部が(A)と(B)で位置の変わっているところ、二重傍線部が(B)にみえない内容、それ以外の部分も(B)の方が簡略化された表現になっている。

(A)出雲歴博本

鈔云、一十二里二百廿四歩今二里三町四十四間。此郷并於神庭村・羽根村・武部・学頭・吉成等以為健耶郷一也。神庭村中有宇夜村。或曰、此記六箇耶字部字魯魚乎。按、景行天皇時置処々於健部。有本朝姓氏録健部氏姓。益知、宇夜者、上古称景行以後名健部郷者、今記趣亦見于然矣。而此辺、今有宇屋・武部両村盖後人留両名呼之者也。雖尓、従来之誤字、強今不克改之。且記以俟後世是正耳。又有此郷北庄原・久木両村。是等、上古水沢中。近世、埋成民居。福富・黒目・澳洲・中村、是亦久木之支村也。

(B)藤浪本

鈔云、此郷併於神庭・羽根・武部・学頭・吉成等以為一郷。神庭中有宇夜村。按本文六箇耶字当作部字耶。景行天皇時置処々于健部。故本朝姓氏録有健部氏姓。知宇夜上古称景行後以健部為郷者歟。記趣尓見矣。今此郷北有庄原・久木・福富・黒目・澳洲・中村等。一十二里二百廿四歩今二里三町余也。

これらをふまえて、序と跋の相違点を考えてみる必要があろう。宏雄跋は、宏雄から北島伝之丞に渡された事情を記したものであるが、それを欠き、宏雄序も十二月付に変更された(B)は、北島伝之丞に渡された(A)とは別系統であることを示唆している。出雲歴博本の上書き修正前の表現とあわせて、宏雄による修正過程の分析を経たうえでの今後の検討を待ちたい。

次にこの系統の諸本を簡単に紹介しておく。

藤浪本は四冊で、表題は「出雲国風土記」、「藤浪氏蔵」印がある。奥書はなく、書写者や書写年代は不明であるが、岸崎自序の頭書に「自天平元文化五辰至星霜千八十八年」とあることが参考になるかもしれない。

望月本は利（楯縫郡・出雲郡・神門郡）・貞（飯石郡・仁多郡・大原郡）の二冊が現存しているが、貞巻末の奥書に「右四本以茅山藍氏本謄写于臥游舎南窓下、文政十一歳戊子五月之吉　望重熙」とあるので、本来の四冊のうちの前半、意宇郡・島根郡・秋鹿郡を記した二冊が欠落していることがわかる。また文政十一年（一八一八）五月に藍川慎（茅山藍氏）所持本を望月重熙が書写したものであることもわかる。

藍川慎は玄慎、原脊、茅山なども称し、松江藩が文政十一年（一八二八）に出版した雲州本『延喜式』の校訂者でもある。松平斉恒、斉貴二代の松江藩主に仕えた江戸藩邸医師である。『茅山査苞』『穴名捜捷』『大同類従方窃疑』『康頼本草』など医薬書のほか、新撰姓氏録についての『姓氏一覧』、出雲国の式内社を考証した『雲州式社考』なども著している。[25]

望月重熙も江戸定詰の松江藩士で治郷・斉恒・斉貴の三代にわたり仕えた。『列士録』によると、重熙は藩主の参勤に扈従してたびたび松江に下向しているが、文政十一年四月に江戸に戻っているので『風土記抄』は江戸で書写されたことになる。

『出雲鍬』は、一八世紀半ばころに成立したとされる地誌である。[26]各地の記述は、『風土記抄』を基準に、風土記にみえない郷村や寺社についての諸書の引用、独自情報をあわせて構成されている。引用される風土記抄の特徴は、望月本、藤浪本とほぼ同じだが、若干の相違点はある。

これらの諸本のなかで今のところ最も古いものが、元禄十三年（一七〇〇）二月十五日佐陀大社勝部芳房書写の奥書をもつ勝部氏本である。奥書には「岸崎氏所考之出雲国風土記鈔四冊書写畢、元禄十三辰仲春望、佐陀大社正職常麿勝部臣芳房」とある。このとき勝部芳房は江戸におり、その親本も江戸に存在していたようである。勝部氏本と藤波本は本文異同も一致し同系統の写本だとみなせる。藍川慎所持本や望月重熙書写本なども含めて、このタイプは江戸藩邸を中心に広まっていたようである。[27]

（C）『俗解鈔』系

（A）（B）とはまた異なった『風土記抄』が存在する。内題が「出雲国風土記俗解鈔」だったり、「俗解鈔曰」で始まる鈔文だったりする一群である（以下、『俗解抄』）。島根大学附属図書館所蔵神田厚敬書写本（神田本）、阿祢神社本、出雲金剛寺本などがあり、神田本と密接な関係をもつものに『出雲風土記大成』（以下、『風土記大成』）がある。

まず神田本からみていこう。乾・坤二冊で、表紙題箋を剥落させている。岸崎序、宏雄序・跋はない。巻末に日御碕本の尾張藩主徳川義直の奥書を転写している。その後に「俗解抄天和三年癸亥五月、神門郡司岸崎佐久次時照著」「同書跋者杵築松林寺宏雄法印」とあり、裏表紙見返しに「維時寛政十二庚申四月、神門郡古志郷厚敬写之」という奥書がある。

神田厚敬は常有と号し、『出雲国孝養伝』の編著者としても知られる。[28]春日信風の『雲陽人物志』では、「神門郡古志ノ人、氏は神田、通称彦左衛門、隠居号常有、無味菴、俳号東广、詩歌を好む、又国中ノ旧字ニ委し」と評価される。

「守手之印」「朱櫻岡印」「藤浪氏蔵」「紅桜文庫」などの印がある。「朱櫻岡印」は中村守臣の蔵書だったことを示している。中村守臣は、安永八年（一七七九）生、出雲大社の社家で、千家俊信に師事し、千家・北島両国造家に侍講として仕えた。[29]したがって神田本は中村守臣から子の守手に伝えられ、その後さらに藤浪剛一の手に渡ったものとみられる。

この神田本は、（A）（B）にない内容を付け加えたり、（A）の文をさらに解釈して具体的で解りやすい表現に変えたりしている。例として出雲郡健部郷を示しておく。二重線部が（A）（B）と相違する部分である。

鈔曰、正東一十二里二百廿四歩者今ノ二里三町四十四間也。神庭・羽根・武部・学頭・吉成村合テレ此ヲ以為二一郷ト一矣。神庭ノ中ニ有二宇夜村ト云処一也。或人曰、記ノ文六箇ノ耶ノ字恐クハ誤ル二部ノ字ヲ一乎。其故ハ景行天皇嘆二慕テ日本武命之早世ヲ一巡ルレ国ヲ之時、置ク二健部ヲ於処々ニ一。由テナリ二之叡勅一也。案ルニ二姓氏録ヲ一有健部ノ姓氏一。此謂也、然レハ則宇夜ハ者、上古ノ称ニシテ而健部者景行以後ノ名カ乎。此ノ記文ノ趣モ亦是然カ見タリ矣。此辺ニ今有リ二宇夜村一有二武部村一盖後人記シ三本名ト与ヲ二改名一呼フ二両村ヲ一者也。雖レ然ト上古之事文献不レ足、故ニ不レ能二適従スルコト一聊カ記シテレ之ヲ以俟ツ二後ノ学者ヲ一。此郷ノ北ニ有二庄原・久木ノ両村一。蓋上古ハ海中水沢ニシテ中世成二村里ト一。故ニ不ルレ見ヘ二此記ニ一乎カ。久木ニ多シ二支村一。福冨・黒目・澳《ヲキ》ノ洲《ス》・中ノ洲是也。分ツコトハ二五箇ヲ一明暦年中ノ事也。学頭村ニ有二高清水之城跡一。聞ク米原・平内カ之居城ナリト。弘治之比毛利元就責二亡スト之ヲ一。

また神田本には、夥しい書入のある点が特徴的である。書入は「訂正」「信風云」「庚敬云」の三種が多くを占める。「庚敬」は神田厚敬自身、「信風云」は春日信風の説、「訂正」は文化三年（一八〇六）に出版された千家俊信校訂の『訂正出雲風土記』のことである。春日信風は、神門郡古志村比布智神社の神官で、『訂正出雲風土記』を批判した『訂正出雲風土記密勘』（以下、密勘）を文化五年（一八〇八）に著している。[30]「信風云」の三五か所のうち三三か所が密勘の内容に対応している。一方で密勘にも「厚敬云」として一〇か所の記述がみえるなど、両者の学問的交流がうかがえる。

この神田本とその書入をもとに厚敬が天保四年（一八三三）に著したものが、『出雲国風土記大成』である。名古屋大学附属図書館所蔵（神宮皇学館文庫）に『訂補標柱出雲国風土記大成』（名大本）が伝存している。蔵書印から、もとは出雲大社北島国造方の神官冨永芳久の蔵書だったことがわかる。[31]またその稿本とみるべきものが近年、多伎神社宮司後藤家に所蔵されていることが明らかになった（後藤家本）。[32]

この『風土記大成』は、まず風土記本文を掲げ、それについて風土記抄や諸説を掲げ、また自説を加えて説明するとともに、頭書として『訂正出雲風土記』など風土記諸本との異同や諸書からの注記を書入れたものになっている。そのなかに神田本の書入と同じものが少なくない。『俗解鈔』の書入を整序しながら『風土記大成』へと風土記研究の成果をまとめていったといえる。

また『風土記大成』後藤家本の付箋部分が名大本の本文に反映される一方、名大本にない書入もあり、『俗解鈔』から原本が記された後、補訂するために付箋を付して書き直したものが富永芳久に渡り名大本になった。その後も、神田厚敬は手元に残した原本の推敲を続け新たに付箋を付け加えていった。それが後藤家本の現状になったとの推測もあるが、[33]神田本『俗解抄』・『風土記大成』後藤家本・名大本三本間の関係の分析は今後の課題となろう。

さてこの『俗解鈔』については、近年新たに出雲市湖陵町の阿祢神社所蔵本（阿祢神社本）が見出され、高橋周「阿祢神社本『出雲国風土記俗解抄』の検討」によって、『俗解鈔』の成立に興味深い論点が示されている。

『俗解鈔』の本文は延宝五年（一六七七）書写の奥書をもつ高野宮本の影響を受けているとする。日御碕本系の郷原本（岸崎佐久次所持本）に近い本文の古代出雲歴博本系や藤浪本系とは異なっていること、阿祢神社本『俗解抄』は他の『風土記抄』諸本を参照しているらしいこと、佐草自清の『俗解抄』に対する批判が書き入れられていること、鈔文には貞享四年（一六八七）の松江藩と杵築大社の間の湊原争論をふまえたものも含まれていることから、貞享四年から自清が死没した元禄八年（一六九五）の間に成立したものと推測している。さらに一歩進んで『俗解抄』は、岸崎自身が佐草自清との対立を背景に『風土記抄』を書き直したものである可能性も提起している。[34]

このように最近、急速に『風土記抄』諸本の成立をめぐる研究が進展してきている。出雲歴博本の影印と、本書に収録された塗抹・修正前の表現の精査により、諸本成立過程の研究がさらに進展することを望みたい。

四、『出雲風土記抄』から『出雲風土記解』へ
―本居宣長・内山真龍・千家俊信

（一）本居宣長をめぐる『出雲風土記抄』

『風土記抄』諸本の流布については、出雲地域と松江藩江戸藩邸関係以外にも、波多野系諸本が浜田藩の小篠敏を起点に広がっている点も重要である。それは本居宣長や内山真龍周辺へと伝わり、真龍はそれを受けて『出雲風土記解』（以下、本文では『風土記解』）を述作する。『風土記解』は出雲大社や伊勢神宮（豊宮崎文庫）に奉納されるだけでなく、伴信友、本居内遠、青柳種信、平田篤胤など各地の国学者たちにも広がっていった[35]。出雲大社の千家俊信も『風土記解』の影響を受けて、『出雲国風土記』初の版本として『訂正出雲風土記』を出版する。この『訂正出雲風土記』は明治期まで版を重ね、『出雲国風土記』が全国に広く知られていくことになった。このように『風土記抄』と『風土記解』は、『出雲国風土記』の受容に大きな影響を与える位置にあった。

小篠敏がどのようにして波多野為興由来の『風土記抄』を入手したかは不明である。安永七年（一七七八）に小篠敏はそれまで交友関係にあった伊勢内宮の神官蓬莱（荒木田）尚賢に『風土記抄』を送り、尚賢はそれを宣長に転送した。宣長は子春庭に書写させ、校合を終えたのが安永八年五月のことだった。小篠敏はその後安永九年に正式に宣長の門人となり、その仲介で浜田藩主松平康定も宣長の教えを受けている。

この本居本を天明四年（一七八四）四月に書写したのが遠江の内山真龍門人の高林方朗である。真龍は天明四年正月に門人の方朗や山下政定を伴って伊勢松阪の宣長のもとを訪ねている。このときに方朗が宣長の『風土記抄』を借用して書写したとみられる。なお奥書は四月九日付であるが、その四月に小篠敏が宣長のもとを訪れている[36]。

その二年後、天明六年（一七八六）正月に、真龍は方朗、小国秀穂、鈴木書緒、山下政嗣・政定父子の門人五人と共に出雲・筑紫旅行に出立する。真龍の『出雲日記』の冒頭に記しているように、出雲大社に参拝し、『出雲国風土記』の現地を見ることが目的だった。二月十六日に出雲国に入り神魂神社の秋上得国家に二泊して、来訪した松江藩士塩見又八・藤原省三らと『出雲国風土記』に関する談義をかわした。熊野大社、八重垣神社、玉作社、本庄、美保神社、松江、出雲大社、日御碕神社などをめぐり、二月二十四日には出雲国を出て石見国大森へ向かっている。さらに博多から長崎をめぐって遠江に帰ったのは四月十五日のことだった。その詳細は真龍自身の『出雲日記』[37]のほか、高林方朗の『弥久毛乃道草』[38]、山下政嗣の『筑紫日記』[39]によって知ることができる。『風土記抄』の影響をうけていることはそれら旅日記の随所にうかがうことができる。『風土記抄』を知り、現地調査の必要性を痛感したことが天明六年というタイミングでの旅行につながったといえよう。

真龍たちは出雲国を出た後、浜田で小篠敏を訪ねている。敏は長崎に出かけており、会うことはできなかった。さらに博多では福岡藩の学者青柳種信との接触をはかったが、かなわなかったようである。

小篠敏は浜松で松田玄統の子として生まれ、宝暦二年（一七五二）に浜田藩医小篠秀哲の養子となった[40]。浜松時代から内山真龍と交流があったかどうかは不明だが、寛政年間に真龍が『遠江風土記伝』を執筆しているときには、たびたび小篠敏に書状で地方の伝記などを問い、記述に反映させ

ている[41]など交流を深めている。

真龍は青柳種信と寛政三年（一七九一）ころから小篠敏を介して交流をもちはじめたらしく、両者の間で交わされた書簡が多数残っている。種信は『風土記解』なども真龍から借用、書写し、真龍の求めでその後序も記す関係になっている。[42]

（二）『出雲風土記抄』・出雲旅行から『出雲風土記解』へ

『風土記解』天明七年（一七八七）二月十四日付の跋に「かく註すハ、去年の二月出雲国に行きし時、意宇郡神魂社の神ぬし得国をち（秋上得国）か導して、神門を拝ミ、其国をめぐり帰り来て一年を経て考終」とあるように、[43]真龍は遠江にもどるとすぐに風土記の注解にとりかかり、翌年春には『風土記解』を書きあげた。

寛政四年（一七九二）三月に出雲大社千家国造家の俊信が遠江の真龍のもとを訪ね、『風土記解』を会読している。その後、両者の間で交流が進展し、俊信は本居宣長の門人になっている。これらがきっかけで寛政五年には千家俊信を通じて『風土記解』を出雲大社に奉納した。[44]千家俊信は、この『風土記解』の影響を受けて『出雲国風土記』の校訂を進めて寛政九年（一七九七）七月十五日付で校合を終え、文化三年（一八〇六）に本居大平（宣長の養子、後継者）の序を得て『訂正出雲風土記』として出版した。補訂された本文を採用し、以後明治期に至るまで『出雲国風土記』のテキストとして普及していくことになる。『風土記抄』からはじまった補訂本は万葉緯、『風土記解』を経て『訂正出雲風土記』によって一般化していったのである。

この『風土記解』は、各項目の注解に『風土記抄』を多数引用し、また出雲で見聞したことを記述に反映させている。たとえば意宇郡黒田駅条を示してみよう（訓点は引用者）。

風土記本文（『風土記解』[45]所引文）

黒田駅、郡家同所。郡家西北二里、(a)有二黒田村一。土体色黒、故云二黒田一。旧此処有是駅、即号曰黒田駅。今郡家属東、今猶追旧黒田号耳。

『風土記抄』（高林本）

鈔曰、黒田駅家古今同在二意宇郡一也。郡家西北二里今十二町。按、(b)旧郡家者乃阿多加夜之畍也。竹屋村田疇客大明神森木之辺也。今郡家属東者、乃今之阿多加夜之市鄽也。蓋有二阿太加夜怒志命社一。故名二于村一也。書二字於出雲一者、所謂素戔烏命国引而、出雲国者狭布之堆国在詔、初国小所造立二意宇社一。故曰二出雲郷一、亦曰二意宇郷一也。又意宇社者、在二芦高社司之竹叢中一。且経二熊野阿太加夜流来川曰二意宇小川一。或曰二錦浦一、或曰二意宇海一。又有二此村中須田谷于白尾大明神及荒川大明神社一。記書二是須多上社・下社一。

『風土記解』

天平以前ハ郡家より西北二里に駅有しを、今郡家の東に移し属ても、旧の号を追て黒田駅といふなり。扨、黒土の所ハ神名備山の東南意宇川の北なり。(a)'今ハ黒田村ていふハあらねど、阿多加夜より十町余、西北の田づら加黒き土のみにて、黒田といはむに違所なし。(c)近世までこの所に、意宇町とて小き肆有しが、寛永十三年、松江に城を築しより移りなどして、住人絶たりとなむ、里人の云ける。鈔云、(b)旧郡家乃竹屋村ノ田疇大神森木之辺也。今ハ郡家ノ属レ東者、乃今之阿多加夜市鄽也。按に郡家、駅家同所なれど、地をさして呼時ハ黒田ノ駅、意宇ノ郡家と云なり。惣て郡の名を負たる郷に郡家ハ有るなりしかあらぬ。郷に郡家有るハ後に名の改まりしなるべし。

この部分での『風土記解』の問題関心は黒田駅と郡家にあるので、『風土記抄』の旧郡家についての記述傍線部(b)を引用し、今の郡家のあったところは阿多加夜の町だとする。なお真龍たちは二月十六日に出雲江（阿多加夜）に宿泊している。

黒田駅については風土記本文の傍線部(a)を受けて、傍線部(a)'のように、阿多加夜の西北に土の黒い所があって、そこが黒田村つまり黒田駅のあったところだとする。『出雲日記』によると、二月十七日朝、宿泊地出雲江を出立して意宇川沿いを大草から神魂神社方面へ向かう途中、「此川そひの田つつらを行に、をちの教へし社の前わたりか、くろき土のミけに黒田といはんにまさるゝ所なし」と、黒い土の地を発見してこれこそ黒田だと記している。

傍線部(c)の「里人」とは神魂神社の秋上得国である。『出雲日記』によると得国とは出雲国に入る前日二月十五日に米子の宿で会って談話している。そのなかで得国は、黒田駅に関して「意宇町と云ちひさきまち有しも、寛永十三年、松江の城を築てより移りなとして絶えたり」と語った。それをそのまま傍線部(c)のように引用しているのである。

このように『風土記抄』の影響を受けながら、出雲の調査を敢行、それをふまえた『風土記解』へとつながっていく状況がみてとれよう。

以上、『風土記抄』の成立、特徴、諸本、影響についてみてきた。最後に『風土記抄』の出版広告があったことを紹介して終わりたい。

安政三年（一八五六）、富永芳久による『出雲風土記仮字書』が出版された。『出雲国風土記』を漢字かな交じり文にしたもので、大坂の書肆河内屋茂兵衛から出版した。『訂正出雲風土記』とともに『出雲国風土記』の普及に一役買った。その奥付の出版広告に、「出雲風土記鈔　岸埼大人著　全四冊」「出雲風土記解　内山大人著　全三冊」とみえる。(46) 今のところいずれも出版されたことは確認されていない。宣伝倒れに終わったようであるが、それだけ両書に対する要望は大きかったといえよう。まぼろしの出版広告から一六五年。『出雲風土記抄』がここに刊行されることになった。

（1）国文学研究資料館データベース古典コレクション『兼永本古事記・出雲風土記抄』岩波書店、二〇〇三年、大日方克己「翻刻桑原家本『出雲風土記抄』」『山陰研究』七別冊、二〇一五年。島根大学附属図書館ウェブサイトの「貴重資料デジタルアーカイブ」で見ることができる。

（2）両本の比較は、大日方克己「出雲風土記抄の諸本―島根大学附属図書館所蔵の桑原本・望月本・神田本を中心に―」島根大学附属図書館報『淞雲』一八、二〇一六年。

（3）島根県立図書館所蔵、翻刻は『松江藩列士録』島根県立図書館、二〇〇四～〇六年。

（4）櫻木保『松江藩の地方役・岸崎佐久次―免法記・田法記―』島根県土地改良事業団体連合会、一九六七年。

（5）池橋達雄「松平氏の検地と徴租」『大社町史』中巻、出雲市、二〇〇八年。

（6）白井哲哉「『会津風土記』と地誌編纂の思想」『日本近世地誌編纂史研究』思文閣出版、二〇〇五年。

（7）『徳川実紀』寛文四年七月十一日条。

（8）白井哲哉、前掲注6論文。

（9）高橋周「『出雲国風土記』写本二題―郷原本と「自清本」をめぐって」『古代文化研究』二二、二〇一四年、同「近世出雲における『出雲国風土記』の伝写と神社の歴史認識―万九千社・立虫神社を中心に―」『古代文化研究』二三、二〇一五年。

（10）以上、第一節は大日方克己「岸崎佐久次と『出雲風土記抄』」『社会文化論集』六、二〇一〇年、参照。

（11）脱落本、補訂本や脱落の状態については、田中卓「出雲国風土記諸本の研究」『田中卓著作集』第八巻、国書刊行会、一九八八年、秋本吉郎『風土記の研究』ミネルヴァ書房、一九六三年、加藤義成『校本出雲国風土記』出雲国風土記研究会、一九六八年、内田賢徳「『出雲国風土記』本文について」『萬葉語文研究』一、和泉書院、二〇〇五年、など。

（12）伊藤剣「日御碕本『出雲国風土記』から『出雲風土記抄』へ―捨仮名の本文化に見る写本系等の再検討―」『上代文学』一一二、二〇一四年、高橋周、前掲注9二〇一四年論文。

(13)　大日方克己「本居宣長・小篠敏ネットワークのなかの『出雲風土記抄』」『社会文化論集』一四、二〇一八年。

(14)　田中卓「校訂出雲国風土記」（底本風土記抄本文、『田中卓著作集』八、一九八八年、初出一九五三年）、秋本吉郎・岩波古典文学大系『風土記』所収本（底本万葉緯本、一九五八年）、加藤義成『出雲国風土記参究』（底本細川家本、松江今井書店、一九六二年）、植垣節也・新編日本古典文学全集『風土記』所収本（底本細川家本、小学館、一九九七年）、荻原千鶴・学術文庫『出雲国風土記』（底本細川家本、講談社、一九九九年）、沖森卓也・佐藤信・矢嶋泉編著『出雲国風土記』（底本細川本、山川出版社、二〇〇五年）、島根県古代文化センター『解説出雲国風土記』（底本加藤義成校訂本、二〇一四年）など。松本直樹『出雲国風土記注釈』（底本細川家本、新典社、二〇〇七年）、橋本雅之校訂の角川ソフィア文庫『風土記』所収本（底本細川家本、二〇一五年）などは補訂していない。

(15)　田中卓「出雲国風土記諸本の研究」『田中卓著作集』第八巻、国書刊行会、一九八八年、初出一九五三年、秋本吉郎『風土記の研究』ミネルヴァ書房、一九六三年、加藤義成『校本出雲国風土記』出雲国風土記研究会、一九六八年、など。

(16)　加藤義成、前掲注15著書など。

(17)　平野卓治「『出雲国風土記』写本に関する覚書」『古代文化研究』四、一九九六年。

(18)　平野卓治、前掲注17論文。

(19)　『松江市史史料編5近世1』松江市、二〇一一年。

(20)　大日方克己、前掲注10論文。

(21)　加藤義成、前掲15著書、同「島根県下に伝存する『出雲国風土記』の写本について」『出雲国風土記論究』上、島根県古代文化センター、一九九五年、初出一九七二年。

(22)　野々村安浩「資料調査　出雲国風土記写本の調査（一）」『古代文化研究』一二、二〇〇四年、同「資料調査　出雲国風土記写本の調査（二）」『古代文化研究』一三、二〇〇五年、同「資料調査　出雲国風土記写本の調査（六）」『古代文化研究』一七、二〇〇九年、大日方克己、前掲注13論文、高橋周「阿祢神社本『出雲国風土記俗解鈔』の検討」『出雲弥生の森博物館研究紀要』八、二〇二〇年。

(23)　第二節は、大日方克己、前掲注2論文を参照。

(24)　これらの波多野系諸本の関係については、大日方克己、前掲注13論文。

(25)　藍川慎については、大日方克己「雲州本『延喜式』の校訂と藍川慎」『社会文化論集』十一、二〇一五年。

(26)　『松江市史史料編5近世1』松江市、二〇一一年。

(27)　以上、勝部氏本については、高橋周、前掲注22論文、参照。

(28)　『出雲国孝養伝』諸本の巻末にはいずれも「文政十一年暮春中院、雲州古志郷無味菴常有書」とある。

(29)　西岡和彦「幕末出雲大社の祭神論」『近世出雲大社の基礎的研究』原書房、二〇〇四年。

(30)　無窮会蔵『玉簾』所収。また朝山晧「春日信風の「出雲風土記校訂」」『出雲風土記とその周辺』島根県古代文化センター、一九九九年、初出一九三〇年。

(31)　大日方克己、前掲注2論文。

(32)　佐藤雄一「後藤家所蔵『出雲国風土記大成』について」『古代文化研究』二六、二〇一八年。

(33)　佐藤雄一「近世『出雲国風土記』研究と『出雲国風土記大成』」『企画展図録　出雲国風土記　語り継がれる古代の出雲』島根県立古代出雲歴史博物館、二〇一七年。

(34)　以下は高橋周、前掲注22論文による。

(35)　国立歴史民俗博物館所蔵『風土記解』は、文化二年（一八〇五）五月に伴信友が書写し、それを平田篤胤の命で文政三年（一八二〇）三月に川崎重恭が書写したものである。美保神社の横山家所蔵『出雲風土記解』（横山家甲本）も、奥書によればこの川崎重恭書写本系の写本である。横山家甲本は『出雲風土記解』写本　横山家蔵　甲本　翻刻　本文編（上・中・下）』出雲の石神信仰を伝承する会（荒神谷博物館内）、二〇一六年、参照。

(36)　天明四年四月十四日付田中道麿宛本居宣長書簡、『本居宣長全集』第十七巻（書簡）七九。

(37)　浜松市立中央図書館所蔵（自筆本）、浜松市文化遺産デジタルアーカイブ。翻刻は梁瀬一雄・熊谷武至編碧冲洞叢書第九三輯『日記紀行集』第五冊、一九七〇年、眞竜研究会『出雲日記』天竜市文化協会、一九九六年、など。

(38)　浜松市立中央図書館所蔵（高林家文庫）。出雲部分の翻刻は吉川隆美「高林方朗『弥久毛乃道中』について―解説と翻刻」『島根女子短期大学紀要』二七、一九八九年、同「高林方朗『弥久毛乃道中』―伯・雲・石道の翻刻―」『島大国文』三二、二〇〇八年。

(39) 皇學館大学附属図書館所蔵(北岡文庫)。

(40) 小篠敏の伝記については、中村幸彦「小篠敏伝攷―上」『国語・国文』一三―一二、一九四三年、矢富熊一郎『小篠敏』アサヒ謄寫堂、一九五四年、佐々木徳三郎ほか『ふるさとを築いた人々―浜田藩追懐の碑人物伝』「小篠敏」、浜田市教育委員会、一九九二年。

(41) 小山正『内山真龍の研究』世界聖典刊行協会、一九七九年。

(42) 小山正、前掲注41著書。静嘉堂文庫所蔵『風土記解』には、寛政五年正月二十三日付の青柳種信の後序が附されている。

(43) 小山正、前掲注41著書。

(44) 以上、小山正、前掲注41著書。

(45) 以下の『出雲風土記解』は前掲注35『『出雲風土記解』写本　横山家蔵　甲本　翻刻　本文編(上・中・下)』に拠りつつ、適宜、その祖本系統にあたる国立歴史民俗博物館所蔵本なども参照した。

(46) 島根大学附属図書館所蔵『出雲風土記仮字書』。

書誌解題と塗抹等一覧

岡　宏　三

一、書誌解題

【来　歴】平成十八年（二〇〇六）、京都の古美術商の売立目録に掲載されていたものである。目録によれば、書写年代が十七世紀に遡る出雲国風土記の写本として紹介されていたが、同書に掲載された写真は岸崎左久次の序文であったこと、筆体と蔵書印から現在確認される諸写本のうち最古の風土記抄写本であることが明らかであったこと、桑原家本と比較してその祖本にあたることから島根県が購入。現在島根県立古代出雲歴史博物館所蔵。翌十九年六月から八月にかけて同博物館において展示を行っている。

【冊　数】袋綴、四冊

【法　量】各冊二七・八×一九・七センチ

【表紙色】柿渋

【表　題】一冊目「風土記　一」、二冊目「風土記　二」、三冊目「風土記　三」、四冊目「風土記　四」

【題　簽】打付題簽

【内　題】「雲州風土記」

【小口書】（背面）一冊目「共四冊　一　豊忠」、二冊目「共四冊　二　豊忠、三冊目「共　四冊　三　豊忠」、四冊目「共四冊　四　豊忠」

（底面）一冊目「風土記　意」、二冊目「風土記　嶋秋」、三冊目「風土記　楯出神」、四冊目「風土記　飯仁大」

【丁　数】一冊目四二丁、二冊目三九丁、三冊目五一丁、四冊目五〇丁。各冊冒頭に遊び紙一丁あり、三冊目には「荏田氏蔵書」とあり。

【字配り】九行

【蔵書印】朱文方印「大社向上官出雲孝始」、同「佐草庫書」、墨文方印「荏田左進」

【現　状】表紙は経年の汚損・折れがあり、全冊ともに虫損が認められるが、幸いそのために完全に欠失した文字は本文中には認められない。ただし訂正部分は胡粉を塗り、その上に書き加えており、経年の胡粉の剥落により欠失した箇所が散見する。近年製作された紺色の帙に収められている。

本史料の書誌学的特徴について以下に述べておく。一般に和本の表紙・裏表紙には、芯となる反古紙を漉き直した厚手の紙の表に、彩色した紙を覆うように貼り付けている例がしばしばみられる。また厚手の紙の裏面には、上下左右から裏面に覆い込んだ彩色紙の端ともども隠すように袋綴じの美濃紙を一丁貼り付ける。版本では、表紙の裏に貼り付けた美濃紙に内表紙を摺り出していることが多い。

本史料では、この表紙の裏に貼り付けられた袋綴じの美濃紙として、書き損じの反古紙の裏を転用して貼り付けている。ここで注目されるのは、反古紙の裏面で、かつ表紙の裏に貼り付けられていた面には次のように記されている点である。

（一冊目）

「此外ニ円機活語之表紙直シ有リ
雲州風土記　　四冊之内」

（二冊目、三冊目）

「
雲州風土記　　四冊之内」

（四冊目）

「此等ハ紙かき色糸ハまかハにて
外題ハ紺ニ仕度候色御見合
雲州風土記　　四冊之内」

これにより、これら反古紙は元来本紙の表紙であり、現状の表紙を装丁する際に表紙の裏に貼り付けられたこと、四冊目からは、改めて表紙を装丁するに際し、表紙の色は柿色、糸は真樺色、外題（この場合題簽の紙の色か？）は紺色が志望され、表紙はおおむねその通りに仕上げられていることがわかる。

　この反古紙の部分で最も注目される点は、内題が「出雲風土記抄（鈔）」ではなく、「雲州風土記」である点である。

　これは松林寺宏雄の序文に

天和癸亥歳初冬日、岸崎氏馳乎走、包裹於書数巻、投来于予塵几頭、且疑且喜、而攤閲焉、乃雲州風土記也

とあって、岸崎左久次が校閲を依頼した出雲風土記抄を、宏雄は「雲州風土記」と呼んでいることと符号する。「雲州風土記」を内題ないし表題とするものは、現在確認される出雲風土記抄の写本の中でも本書が唯一である。

　また、蔵書印の出雲孝始は出雲大社の北島国造家附きの上官（上級神職）で、寛保三年（一七四三）に帰幽している。また佐草も上官、荏田は近習、代官でやはり北島国造家に附属していた。しかも各冊末尾に本文とは異筆で「四冊之内　此主伝之丞豊忠」とあること、同様の書き込みのある写本は他に例がないことから、伝之丞豊忠は巻末の松林寺宏雄の跋文にいう「予家兄嫡男北嶋氏伝之丞頻請此而不措矣、不能峻拒之、且為貽厥之手沢、遂書以与之」の北嶋伝之丞であることがわかる。従って本史料は、天和三年（一六八三）臘月初日、すなわち一二月一日に伝之丞の手に渡った最古の宏雄の序跋を有するものであり、伝之丞の手から離れた後に、永らく北島国造家附きの神職の間に伝来していたことが知られるのである。ここで問題であるのは、宏雄は手沢本は手元に残し、伝之丞にはそれを書写して与えたと述べているけれども、各所にみられる無数の字句の推敲の跡が、同じく跋文にいう「神門郡監岸埼氏、公務之暇潤於筆、以呈示于予、求之是正、予、不得禦返而修色以還之」と符号し、むしろこれこそ宏雄の手沢本であることは間違いないであろう。同時に、抹消した部分が明らかになれば、岸崎が宏雄に呈時した段階、すなわちの宏雄が添削する前の段階の状況も明らかになる訳である。幸いに本書は袋綴じであることから塗抹されて表面からは読めない字句も内側から透かしてみることが可能であり、しかも添削の過程で生じた反古紙も裏返して本書に再利用しており、宏雄の添削の過程が詳細にたどることができる。袋綴じの内側をのぞいて検出した塗末・抹消部分の字句の一覧は左記のとおりである。

二、塗抹・抹消部分一覧

凡例

1、ここでは、松林寺宏雄が「修色」を行うなかで、胡粉を塗って塗抹された文字、あるいは裏面を表側に折り返して見返し（表紙の裏紙）などに用いられた 書き損じ（反古紙）など、表面からは見ることの出来ない部分を一覧にして示した。

2、現在の書籍では、各面にページが付されているが、書誌学においては基本的に和本をページで数えることはない。これは、和本の形態が一般に一枚紙を二つ折りにして綴じており（袋綴じ）、この袋綴じ一枚一枚を古くから「一丁、二丁・・・」と数えてきた伝統があるからである。このため版本では、折り目部分（版心・柱）に丁数を示している場合が多い。従って和本の分量をページ数に換算するには丁数を二倍すればよい。「丁」には表面・裏面の二面あるから、ページのように場所を示す場合は、オモテ面は「〇丁オ」、ウラ面は「〇丁ウ」と表記する。

3、本一覧表における表記の方法は、例えば、

五丁オ　七行目「之」塗抹下「名」

であれば、五丁目のオモテ面の七行目、白く胡粉で塗抹して「之」と訂正された下には、「名」と記されていることを表す。

4、「■」の中に文字を記すものは、胡粉で塗抹された文字を示す。

5、「□」の中に文字を記すものは、訂正して記したものの、胡粉が剥離して読み難くなった文字を示す。

6、塗抹が施されていても、その下に文字が記されていないもの、単に墨汚れを消すために塗抹したものは、一覧表に掲載しなかった。

【一冊目】

見返し袋綴内（反古紙）

往昔《ムカシ》天孫《アメミマ》降臨《アマクタリ玉フ》之時《トキ》大己貴命以二平国《クニムケノ》之廣矛《ヒロホコヲ》一
授テ二于天孫ニ一而譲テ二天家ノ之廣居ヲ一然後大己貴ハ遂《ツイ》ニ
長ク隠去《カクレマシヌ》矣以レ之思フニ焉揖屋誠

本文

三丁オ　五行目「國」塗抹下「守」

四丁ウ　二行目「旧の」塗抹下「三百」

五丁オ　七行目「之」塗抹下「名」

六丁ウ　二行目「此者」塗抹下「是即レス」

三行目塗抹下「八」

五行目「此蓋」塗抹下「此者ハ」

六行目塗抹ルビ「ノ」

九行目「良」塗抹下「能」書損じ

七丁オ　六行目「拾」塗抹下「捨」

ウ　七行目「一」塗抹下「十」

八丁オ　一行目塗抹ルビ「ハ」

ウ　三行目塗抹「ゝ」

九丁ウ　五行目ルビ「ナラン」塗抹下「ナラン」、同行「矣」

塗抹下「矣」書損じ

十丁オ　五行目　墨付抹消下「三」

十一丁オ　六行目「詔」塗抹下「而」

ウ　三行目「尓」塗抹下「尒」

五行目ルビ「玉」塗抹下「玉」、同行ルビ塗抹下「ヲ」

七行目「竹」塗抹下「一」書損じ

八行目「事」塗抹下「為」

十二丁オ　二行目「津」塗抹下「浦」

四行目「濱」塗抹下「長」書損じ
七行目「云云」塗抹下「云云」
八行目「今」塗抹下「神」書損じ
九行目塗抹下「也」
ウ　五行目「指《ス也》同國」塗抹下「同國指《サス》」
七行目「大」塗抹下「神」
十三丁オ　九行目ルビ「サリマシテ」塗抹下「サリマシ」
ウ　一行目「蓋是」塗抹下「是蓋」、同行「波」塗抹下「婆」
三行目「抜」塗抹下「抜《ヌク》」、同行「所在」塗抹下「有有」
六行目「日來魔返坂」塗抹下「來魔歸歸是」
八行目「是」塗抹下「蓋」
十四丁オ　二行目「今」塗抹下「無」書損じ
六行目「伊支」塗抹下「社伊」書損じ
ウ　二行目「関」塗抹下「圓」
三行目「四五」塗抹下「過《テ》二」
十五丁オ　二行目「和名《ニ》所《ハ》レ書《スル》」塗抹下「所《ハ》レ書《スル》二和名《ニ》一」
九行目ルビ「サカ」塗抹下「サカ」
ウ　三行目ルビ塗抹下「レコ」
七行目塗抹下「二」
十六丁ウ　二行目塗抹下「ル」
十七丁オ　五行目「也」塗抹下「卅」
十八丁オ　四行目「保」塗抹下「守《ル》」
八行目「云二祖父《ヲホチ》」塗抹下「祖父谷」
九行目「山佐村《ニ》於伊」塗抹下「山佐村于伊佐」
十九丁オ　五行目「合二於」塗抹下「加《テ》二是《レニ》」
ウ　九行目「此」塗抹下「也」

二十丁オ　九行目ルビ「マツル」塗抹下「マツテ」
ウ　三行目ルビ「シ」塗抹下「スル」
六行目「烏」塗抹下「嗚」
二十一丁オ　五行目ルビ塗抹下「ハ」、同行ルビ塗抹下「シ」
八行目「高」塗抹下「大」
ウ　一行目「竹」、「作」の一部を塗抹して「竹」に改む
二十二丁オ　二行目ルビ「ルカ」塗抹下「スルカ」
四行目「于」塗抹下「乎」
五行目「于」塗抹下「乎」、同行「社」塗抹下「之」
六行目ルビ「ク」塗抹下「シ」
ウ　一行目「於」塗抹下「于」
八行目塗抹下「レ」
九行目「追給猪」傍点、ルビ塗抹下「二」・「一」、「ヲ」
同行「丈」塗抹下「尺」
二十三丁オ　五行目塗抹下「ハ」
七行目「然」塗抹下「也」
ウ　二行目塗抹下「ヲ」
四行目「嵐」塗抹下「芁」、同行「吁」塗抹下「矣」
二十四丁オ　二行目「完」塗抹下「精」書損じ
三行目「属」塗抹下「二于」
四行目「郡」塗抹下「郷」
九行目「今」塗抹下「右」
ウ　八行目「多」塗抹下「イ」書損じ
二十五丁ウ　一行目「神」塗抹下「明○《神》」
八行目「可《シ》レ為《タル》二水中一其後漸《ク》」塗抹下「水中也落《テ》而後今」

二十六丁オ　二行目「能」塗抹下「里」
　　ウ　三行目「社」塗抹下「事」
　　　　四行目塗抹下「アタカヱト」
　　　　七行目「蕺」塗抹下「叢」書損じ
　　　　八行目「下流」塗抹下「川流」
二十七丁オ　四行目「里」塗抹下「百」書損じ
　　ウ　四行目「當大草ノ郷中」塗抹下「丁于大草ノ郷」
　　　　五行目「社辺ニ」塗抹下「旁也《カラハラニ》」
二十八丁オ　二行目「ニ」塗抹下「ニ也」
二十九丁オ　一行目「明神社」塗抹下「明神ノ社」
　　　　九行目「可」塗抹下「今」
　　ウ　八～九行目「磊落礩礎少々」塗抹下「柱礩《シツ》垣礎磻礴《ハンハクタル》」
三十二丁ウ　四行目「在于」塗抹下「同處」
　　　　七行目塗抹下「リ」
三十三丁ウ　五行目「先」塗抹下「于レ先ニ」
　　　　九行目「夜」塗抹下「夜」書損じ
三十四丁オ　九行目塗抹下「二」
　　ウ　六行目「此」塗抹下「意」書損じ
　　　　八行目「於」塗抹下「于」
三十五丁ウ　三行目「有二此ノ山ニ」塗抹下「此山ニ在二」
　　　　六行目塗抹下、朱線
三十八丁ウ　四行目「故」塗抹下「俗」
　　　　八行目「自リ二大原意宇」塗抹下「大原意宇」
　　　　九行目塗抹下「ノ」
三十九丁ウ　一行目「自リ」塗抹下「落テ」
　　　　二行目「落」塗抹下「ヲ而メ」
　　　　同行「菅原ヲ書シ二山田村ト一又來待ヲ」部分、切り抜きの上書入れ
　　　　三行目塗抹下「フ」、同行「曰ク二來」塗抹下「謂」及び「來」の書損じ
四十丁オ　二行目塗抹下「ヲ」
四十一丁オ　八行目「會」塗抹下「入ル二于」
　　ウ　五行目「百」塗抹下「里」
　　　　七行目「郡」塗抹下「理」書損じ

裏表紙見返し袋綴じ内（反古紙）
野山經母理楯縫安來三郷入于海
有年魚
伊久比

【二冊目】
見返し袋綴じ内（反古紙）
秋鹿郡
合郷肆里十二　神戸壹
惠《エ》曇《スミ》郷　本字惠伴
多《タ》太《ダ》郷　今依前用
大《ヲ》野《ホノ》郷　今依前用
伊《イ》農《ノ》郷　本字伊努　以上郷肆里参
神戸里
所三以ハ號《ナツクル》二秋鹿ト者郡家正北秋鹿日女ノ命
坐故《マシマス》ニ云二秋鹿ト一矣
鈔曰如ク二此記ノ趣ノ一秋鹿比賣ノ社大明神祠《ヤシロ》則在リ二于秋鹿村ニ一
此此ノ社ノ南ノ側《ホトリ》古之郡家ト一從レ此十七八町東方長江ノ洲埼《スサキ》

本文

俗呼テ曰二郡埼《コホリサキト》一意フニ郡家ノ近地ナレハ也長江モ亦秋鹿ノ一村里也

二丁オ　四行目「以」塗抹下「今ニ」、同行「之」塗抹下「以テ二」

同行「稽」塗抹下部分「カ」

八行目・九行目の間欄外書込塗抹部分「夕御」

ウ　九行目「方路正ニ當リ二」塗抹下「相ヒ當レリ方路」

四丁オ　七行目「又」塗抹下「ト者」

九行目「釣」塗抹下「鉤」

ウ　三行目「以異」塗抹下「其レ異」

五行目～六行目「已見タリ二于前ニ又自リ二此ノ湊迄《ミナトイタルマテ》一于隠岐嶋前ニ一十八」塗抹下「此鄙俗之談也予先ニ已辨レス之故不レ贅《ゼイ》セ二于此《コヽ》ニ一矣」

五行オ　三行目塗抹下「ノ」

七行目「五」塗抹下「十」

八行目「國」塗抹下「村」

ウ　一行目「馬」塗抹下「駒」

七行目「御」塗抹下「御」書損じ

六丁ウ　七行目「士」塗抹下「城」

七丁オ　六行目塗抹下「ト」

八行目塗抹下「ト」

ウ　二行目「鈔」塗抹下「餘」書損じ、同行塗抹下「二」

八丁オ　一行目「等」塗抹下「諸」

九丁ウ　一行目「久」塗抹下「也」

十丁ウ　四行目塗抹下「ハ」

五行目「蓋古」塗抹下「古ハ蓋シ」

八行目「地」塗抹下「性」

十一丁オ　四行目「色シ」塗抹下ルビ「コ」、同行「許」塗抹下「男ヲ」

ウ　二行目「浦」塗抹下「津」

三行目塗抹下「ハ」

十二丁オ　六行目「雙」塗抹下「仙」

同行「耶」塗抹下「乎」、同行「将《ハタ》」塗抹下「彼」

七行目「正ニ」塗抹下「當《キカ》ニ」、同行「其ノ」塗抹下「吁《ア》」、

同行「吁《ア》、人間ニハ無シ」塗抹下「人間ニハ無シ二此《コレ》一」

八行目塗抹下「二」、九行目「織」塗抹下「塵」

ウ　一行目「縻《ナ》シ三一ヒ來テ不レ一ト云フ」塗抹下「無シ不レト云フ一ヒ來テ三」

十三丁オ　二行目「合二祭布自支弥多氣」塗抹下「布二自支弥多氣合二祭」

七行目「里」塗抹下「野」

十四丁ウ　三行目「此ノ」塗抹下「此」

四行目「蝨」塗抹下「今」

十六丁オ　八行目「經佐田船木橋而入于水海也」塗抹下「合テ二佐太水海ニ一經《ヘテ》二同所船木ノ橋ヲ一而」

ウ　二行目「衍」塗抹下「ノ字」

三行目塗抹下「ア」

五行目「而」塗抹下「而ゞ」、同行塗抹下「ツ」、同行「夏」塗抹下「酉」、同行末～六行目「月離《カ、ツテ》于畢ニ一○」塗抹下「洪水縦横」

十九丁オ　七行目割註「相向之」点・ルビ塗抹下「相二向之ニ一」

ウ　五行目「濱」塗抹下「嶋」

二十丁オ　六行目「丈」塗抹下「歩」

二十一丁オ　三行目「百」塗抹下「松」

ウ　最終行「現ゞ」塗抹下「魂」

二十二丁ウ　一行目「高」塗抹下「周」

二十三丁オ　二行目塗抹下「ノ」
五行目「朝」塗抹下「潮」
六行目「之レ東ニ」塗抹下「赴《オモムクノ》レ南ニ」、同行塗抹下・「ト域ト」
塗抹下「与」書損じ
七行目「古今以テ」「之處也」、同行末「此」塗抹下「也」
九行目塗抹下「ノ」
二十四丁ウ　二行目「浦」塗抹下「石」書損じ
八行目「今ノ一」塗抹下「今ノ一」
二十五丁オ　三行目「俗字ヲ作ル」塗抹下「也作ル二字」
六行目「結」塗抹下「江」
八行目塗抹下「是」
二十六丁オ　九行目「ハ者」塗抹下「ハ等ハ」
同行末「之三町也」塗抹下「三町也也」
ウ　九行目「今ハ秋」塗抹下「今ノ秋」
同行「郡」塗抹下「今ノ」
二十七丁オ　七行目「一」塗抹下「十」
二十八丁ウ　三行目末〜四行目「長江ノ洲埼《スサキ》俗呼テ曰フ」塗抹下「曰二寸ハ
長江ノ洲埼《スサキ》ヲ俗呼テ」
三十一丁オ　一行目「改二テ人之比婆山一ヲ不レ得エ之強テ」塗抹下「後ノ世ノ
人失却二メ比婆山一ヲ而メ」
二行目「予カ之所レロ言非ス敢二テ以私ニ若キ」塗抹下「所二予カ
發明スル一非ス敢テ私ノ意ニ」
三十一丁オ　四行目塗抹下「卜」
ウ　三行目「畎」塗抹下「空」、同行「湉」塗抹下、人偏書損じ
三十二丁オ　八行目塗抹下「旦」
ウ　二行目塗抹下「也」

三十三丁オ　一行目「杠」塗抹下「杜」
ウ　末行「中田」塗抹下「是則」、同行「而」塗抹下「也」
三十四丁オ　三行目「至」塗抹下「也」、同行「矣」塗抹下「也」
六行目「多」塗抹下「山ハ」
三十五丁オ　一行目塗抹下「西方」
ウ　七行目「峙」塗抹下　手偏書損じ
三十六丁オ　六行目「彫」塗抹下「鑿」
三十七丁ウ　四行目「作□何」塗抹下「作ル二烏ウ」
五行目「古」塗抹下「矣」
六行目「吁」塗抹下「也」

裏表紙見返し袋綴内（反古紙）
　　愚老　多年
大己貴ノ鎮座神事ノ根源ノ國也予多年雖
探《タンサクスト》二索於此ノ事一ヲ然モ太古ノ載籍殄滅《デンメツ》メ而○諸社ノ來
　　不敍不多矣
由知ル之者ノ少《スクナシ》矣故ニ往往未タスレ遑ニアラ三于考二正スルニ之ヲ一實ニ
　　鮮
是レ可キ憾哉《ウラムカナ》此レ則ス

【三冊目】
見返し袋綴じ表紙（反古紙）
　　四冊之内
　雲州風土記
同　袋綴じ内
家正西六里一百六十歩大領出雲臣
大田之所造也

鈔云六里一百六十歩ハ今一里二町卌間也以テ二方隅路程ヲ
按レスルニ之蓋平田村薬師堂ナラン歟

本文

二丁ウ　六行目「浦」塗抹下「津」
　　七行目「云」塗抹下「幾」書損じ
三丁オ　一行目塗抹下「シ」
ウ　二行目「之」塗抹下「土」
六丁ウ　七行目「又」塗抹下「有」、同行「一」塗抹下「六」
八丁オ　九行目「鎌」塗抹下「鑪」
九丁オ　三行目「冬」塗抹下「夏」
十丁ウ　三行目ルビ「ニ」塗抹下「二」
　　五行目塗抹下「那」
十二丁オ　九行目「今」塗抹下「也」
ウ　一行目「屋」塗抹下「屋」
　　二行目「從來ノ之」塗抹下「上古ノ之」、同行「強今」塗抹下「今強テ」
十三丁オ　五行目「其後別《分》テ爲二別村一」塗抹下「可レ記二事于一後ニ矣」
ウ　一行目「嶋」塗抹下「村」
十四丁オ　四行目「今」塗抹下「等」書損じ
　　五行目「都テ為二杵築ノ内一」塗抹下「以為《スル》二此郷一ト也」
ウ　三行目「又」塗抹下「矣」
十六丁オ　六行目「高」塗抹下「中」
十七丁ウ　五行目「知」塗抹下「也」
　　八行目「南」塗抹下「東」
十八丁オ　三行目「臨」塗抹下「望」
　　四行目「而」塗抹下「則」
　　五行目「酌」塗抹下「汲」
　　六行目「派」塗抹下「嫡」、同行「命」塗抹下「支」、
　　同行末～七行目「廣壯巨麗更」塗抹下「院宇繁営」
　　七行目「國」塗抹下「後」
　　八行目「餘セリ二院」塗抹下「寺院」
　　九行目「也」塗抹下「也」、同行塗抹下「ノ」
二十二丁オ　九行目塗抹下「也」
ウ　三行目「遷餘」塗抹下「餘外」
　　四行目塗抹下「ハ」、同行「非一處于」塗抹下「一處モ亦非ス二于」
二十三丁オ　一行目「権現佐」塗抹下「大明神」
ウ　八行目「美談入二楯縫一」塗抹下「美談ハ如シレ旧ノ」
二十四丁オ　七行目「者」塗抹下「ハ有」
　　八行目「久佐」塗抹下「山方」
ウ　四行目「神」塗抹下「神」
二十五丁オ　七行目塗抹下「ハ」
　　九行目「或」塗抹下「聞」
ウ　七行目「佐」塗抹下「伎」
二十六丁オ　七行目「社」塗抹下「神」
ウ　三行目「将《ハタ》亦」塗抹下「復亦」
　　四行目ルビ「シ」塗抹下「スルハ」
　　五行目「曰」塗抹下「共」
　　七行目塗抹下「亦」
二十七丁オ　二行目塗抹下「レ」
　　三行目「中夜宛モ」塗抹下「宛モ中夜」
　　五行目塗抹下「ニ」、同行「山」塗抹下「此」
　　八行目「堅」塗抹下「隠」
　　九行目「棄（奪）」塗抹下「假《カル》」

二十八丁ウ　同行「借二憑」塗抹下「攘《ヌスミ》利スルカ」
二十九丁オ　四行目「所」塗抹下「在《アル》」
三十丁ウ　四行目塗抹下「一ヲ」
一行目「蕺生也」塗抹下「蕺生也」
二行目割註「可」塗抹下「許」
三十一丁オ　七行目「[邊]」塗抹下「濱」
三十二丁オ　三行目「之或」間塗抹下「レ」
四行目「廿町許西海」塗抹下「海中廿町許以西ニ一」
五行目「杵築御崎漁子擒二鰤六六勝二其佳味」塗抹下「捕ル二杵築御ノ崎漁人鰤魚ヲ一六其佳味勝《スグレタリ》二凡ソ」※
七行目「伊耶（ママ）」塗抹下「矣」
ウ　四行目「佐雑■堺谷有上之」塗抹下「有中佐雑埼堺谷上」
三十五丁オ　四行目「門」塗抹下「戸」
ウ　八行目末「一」塗抹下「二」
三十七丁ウ　二行目「旧」塗抹下「旧」、同行末「[宣]」塗抹下「可」
三行目末塗抹下「カ」
三十九丁ウ　一行目塗抹下「ノ」
三行目末～四行目「古志村中ノ粟皮塚《スクモツカ》」塗抹下「古志村ノ実粟皮」
四十丁オ　八行目「乃」塗抹下「也」
ウ　一行目末～二行目「比賣[于]此處」塗抹下「此處于一比賣命」
三行目「式」塗抹下「或」書損じ
八行目「下」塗抹下「神」
四十一丁オ　三行目ルビ「ス」塗抹下「ス」、同行塗抹下「ハ一」
五行目塗抹下「一」
七行目「岐」塗抹下、木偏書損じ
四十二丁ウ　一行目「聞」塗抹下「否《イナヤ》」、同行「■」塗抹下「寺」
四十三丁ウ　一行目「夜」塗抹下「治」
九行目「古」塗抹下「志」
四十九丁オ　六行目「在二今」塗抹下「今ハ在ル二」
ウ　八行目「陂」塗抹下「水」
九行目「及」塗抹下「又」
五十丁オ　八行目塗抹下「ト」

裏表紙見返し袋綴内（反古紙）

今ニ分テ云フ二上多久下多久ト一佐太川ノ水上也又有レ社
所三以ハ號クル二嶋根郡ト一國引坐八束水臣津野《マスヤツカミツヲン》ノ
命之ノ詔而《シテ》順ヘ給フ故名二嶋根一
鈔ニ曰按スルニ此郡ノ郡家ハ者蓋シ當レリ二於今ノ本庄新庄両村ノ之中
間一也自リレ此諸方ノ路程實ニ應セリ矣　郡中諸方以所経路程
以所経之路程稽考之
此郡家者蓋
朝酌ハ郷郡家ノ之正南一十里六十四歩熊
野大神ノ命ノ詔フ朝御餼《ミケ》勧養《カンカヒ》五熟緒之處
定給故云二朝酌ト一

※三十二丁オ五行目「六」は「亦」あるいは「大」の誤字か。

【四冊目】

見返し袋綴じ内（反古紙）
此等ハ紙かき色糸ハまかハにて
外題ハ紺ニ仕度候色御見合

雲州風土記　　　　四冊之内

田一則合二テ脩理免菱根入南矢嶋江田濱村等ノ六
箇ノ村一ヲ都テ五千斛許《ハカリ》也又按スルニ書二スルハ旧事記ニ常世ノ郷《クニト》一
蓋シ今ノ常松村也古老傳テ曰ク「松木」(塗抹)八十九年前松ノ老木在二リ此村ノ
中一ニ意フニ「有十」少彦名ノ社于此ノ村二ニ而不レ如後世脩治一ヲ遂ニ
廢絶スルカ乎且ツ又延喜式風土記ニ所レ載スル之社モ往々不レ乄知二
其名一ヲ或ハ強テ而曰二八幡一ト或失乄而曰二フ権現一ト者不レ鮮《スクナカラ》矣
此社モ亦遂成《ツイニナルカ》二権現一ト乎将成《ハタナルカ》二八幡一ト乎吁《アヽ》可二勝《アケテ》歎一ス
哉《カナ》所謂熊野御埼ハ則不老山魚

一丁オ　五行目塗抹下「加二テ」
三丁ウ　二行目「此于」塗抹下「于爰ニ」
　九行目「頻洗二テ塵軀無垢」塗抹下「拝拝乄而退ク矣」
四丁オ　七行目「烏乃」塗抹下「社也」
　ウ　五行目「人」塗抹下「武」書損じ
五丁オ　二行目「也」塗抹下「歟」
　八行目塗抹下「二郷」
六丁オ　三行目「而」塗抹下「者」
　ウ　一行目塗抹下「郡」
九丁オ　八行目塗抹下「也」
　ウ　二行目「是レ今ノ之」塗抹下「此ノ山ハ在二」
　八行目「如《モシ》」塗抹下「而モ」
十丁ウ　三行目「有半」塗抹下「半也」
十一丁オ　八行目「入二ル于」塗抹下「遂ニ」、同行「然モ」塗抹下割註
「神西ノ水海」

　ウ　一行目「流テ」塗抹下「ヨリ直ニ」
　八行目「和」塗抹下「利」、同行「水」塗抹下「也」
十三丁オ　四行目「赤」塗抹下「亅」
十五丁オ　三行目塗抹下「二」
　四行目塗抹下「ノ」
　五行目「當」塗抹下「可」
　九行目「勢」塗抹下「施」
十六丁オ　八行目「這箇贅説二於」塗抹下「贅二スルカ於這箇《シャコ》」
　九行目「今」塗抹下「而」
十七丁オ　一行目塗抹下「沢也」
　五行目「津」塗抹下「澤」
　ウ　八行目塗抹下「ナル」
十八丁オ　九行目「舩」塗抹下「仙」
　ウ　五行目「可レシ在二ル」塗抹下「在二于」
　七行目「矣」塗抹下「也」
二十丁オ　二行目「上」塗抹下、人偏書損じ
　ウ　九行目「ハ在」塗抹下「在二」
二十一丁ウ　五行目「将《ハタ》変乄為《ナランヤ》」塗抹下「不レ知将《ハタ》為」
　六行目「之甚シキ也」塗抹下「之甚シキ者也」
二十四丁オ　八行目塗抹下「七」
二十五丁オ　一行目「市」塗抹下「布」
二十七丁オ　七行目「西字東之」塗抹下「悉セリ矣ク魯魚」
　同行「必」塗抹下「正」書損じ
　ウ　一行目「理ニ而」塗抹下「有理而」
　二行目「無」塗抹下「以」、同行塗抹下「矣」書損じ
　三行目「者」塗抹下「大」九行目「而」塗抹下「有」

二十八丁ウ　一行目「屋」塗抹下「昼」書損じ
　　　　　　二行目「門」塗抹下「神」
　　　　　　九行目「一」塗抹下「十」
二十九丁オ　九行目「ケ」塗抹下「之」
三十一丁オ　二行目「古」塗抹下「之」
　　　　　　五行目「南」塗抹下「東」
　　　　ウ　八行目「於」塗抹下「自」、同行末「言」塗抹下「或」
三十二丁オ　二行目塗抹下「幾ク億載ノ之經《フルヿ》ノ二」
　　　　ウ　一行目「呼」塗抹下、人偏書損じ
　　　　　　四行目塗抹下「ニ」
三十三丁オ　七行目「茅」塗抹下「院」
　　　　ウ　二行目「嶋」塗抹下、肉月書損じ
　　　　　　三行目「屋裏」塗抹下「今屋」
　　　　　　八行目「樋」塗抹下「知」
三十四丁オ　六行目割註「一」塗抹下「十」
　　　　ウ　八行目「称」塗抹下「於」
三十七丁オ　一行目ルビ「テ」塗抹下「ハ」
　　　　　　同行末塗抹下「然」
三十九丁ウ　二行目「一有」塗抹下「及山田」
　　　　　　三行目塗抹下「ハ」
　　　　　　四行目ルビ「ヌ」塗抹下「ス」
四十丁ウ　二行目「飯」塗抹下「伊」
四十一丁オ　三行目「易クレ曉《サトシ》」塗抹下「曉レ之」
　　　　　　七行目「則」塗抹下「也」
　　　　ウ　七行目塗抹下「也」
四十二丁オ　五行目塗抹下「ノ」
四十三丁オ　四行目末～五行目「之堺」塗抹下「堺也」
　　　　ウ　四行目「是レ」塗抹下「則」
四十四丁オ　一行目塗抹下「也」書損じ
　　　　　　六行目塗抹下「又」
　　　　ウ　六行目「也」塗抹下「俗」
四十五丁ウ　二行目「是」塗抹下「從」
　　　　　　六行目「街」塗抹下「ト」
四十七丁オ　五行目末塗抹下「方」
四十八丁オ　七行目「此處ハ有ルカ二」塗抹下「有此處」
　　　　ウ　一行目「飯」塗抹下「ハ者」
　　　　　　三行目「馬」塗抹下「見」
四十九丁オ　一行目塗抹下「ノ」
五十丁オ　六行目「覔」塗抹下「覔」

裏表紙見返し袋綴じ内（反古紙）

嶋根郡
合郷捌里廿　餘戸壹　驛家壹
山口《ヤマクチ》ノ郷　今依前用
朝酌《アサクミ》ノ郷　今依前用
手染《テソメ》ノ郷　今依前用
美保《ミホ》ノ郷　今依前用
方結《カタユヒ》ノ郷　今依前用
加賀《カヽ》ノ郷　本字加加
生馬《イクマ》ノ郷　今依前用
法吉《ホツキ》ノ郷　今依前用以上捌郷別里参
餘戸《ヨヘ》郷

千酌驛《チクミハムマヤ》
鈔ニ曰此記ニハ捌郷源順カ和名鈔ニハ益二ソ多久郷一ヲ都テ而為ス二
九郷一ト多久ハ講武谷也

書そこなひ申事多御座候間
忝ハすこし余り候程
被越可被成候
以上

三、補記

岸崎の出雲風土記抄、及び同書の成立に先行し影響を与えたであろう黒沢石斎の『懐橘談』についてはじめて本格的に言及されたのは朝山晧氏の『出雲の地誌』(『島根評論』第九十三号、一九三二年。一九九九年『風土記・神・祭りⅡ　出雲国風土記とその周辺』島根県古代文化センター、に再録)で、次いで注目されたのは田中卓氏(「出雲国風土記諸本の研究」(『出雲国風土記の研究』、出雲大社、一九五三年)所収、一九八八年、田中卓著作集8『出雲国風土記の研究』国書刊行会、再録)で、同氏は併せて「校訂・出雲国風土記」を発表された際、桑原家本出雲風土記抄を底本とし、倉野本、万葉緯本を、後に更に細川家本を副本としておられる。

朝山氏は『懐橘談』を「その各郡の記載は殆ど出雲風土記によつたもので、この点では一種の抄物ともみるべきであらう。」と評されているが、私はかつて本書を、実地を踏査して「里民ノ口伝ト符号セル所」を記録した、出雲における風土記研究の嚆矢であると位置付け、石斎が用いた風土記の写本は島根郡の神社の多くを欠失する脱落本の系統、基本的に細川家本、倉野本の系統であろうこと、懐橘談にみえて細川家本、倉野本にみえない字句で風土記抄、万葉緯本と共通する部分は、両本のほうが懐橘談を参考としたか、あるいは石斎所持本と同系統の写本をみた可能性があることを指摘した(『季刊文化財』第八七号、島根県文化財愛護協会、一九九七年)。

石斎の踏査方法は「公より退かるいとまに、或は宮司社僧、或は村老宿主などよびて風土記に記す所の郷里山川を尋ね侍る」ものだった。出雲では既に中世の段階で出雲国風土記を引用したものはほとんどなく、わずかに風土記の国引伝承が杵築大神が掻き寄せたという中世神話に変容して語られる程度となっていたため、その結果は「十に一二も定かならず」という有様だった。

これに対して詳細にわたって実地踏査の成果を挙げることが出来たのは本書に収録する岸崎左久次の『出雲風土記抄』である。大日方氏が詳述されているように、岸崎は、正保三年(一六四六)に父の跡目を嗣いで出仕した当初は八石四人扶持の軽輩に過ぎなかったが、長い間地方の役人としての実務にあたるなかで『田法記』『免法記』を著し、松江藩の貢租徴税を確立したことが評価されて延宝七年(一六七九)には郡奉行に昇進し、当時の執政平賀縫殿の新田開発政策下において主導的役割を果たし、最終的には二〇〇石取りにまで出世を遂げた、典型的な叩き上げの実務官僚である。

岸崎は長らく検地立見役人、郷方役人などとして領内を廻った関係から、役務上自ずから地理に詳しく、小字などの細かな地名にも通じる環境にあった。これが石斎と岸崎の実地踏査の性格の大きな相違である。また「蓋し旧の一歩は今の一間、旧の一里は今の六町、六町は旧の三百六拾歩、今は三十余町を以て一里といふ、東西南北は往古も今もたがふべきにあらず」という独自の基準を考え出し、風土記に記載された数値をすべてこの換算にあてはめて位置の比定を行っているのも本書のもう一つの特色をなしており、まさに官吏としての発想が如実に反映されている。三百六十歩＝一里説は現在となっては否定されており、その点注意を要するが、内山真龍の『出雲風土記解』をはじめ、後の研究者の注釈にも欠くべからざる注釈書として多大な影響を与えている。換言すれば本書の情報を超えない限り、実地踏査を基とする出雲国風土記の研究の進展は望めないと言うことが出来る。

ただし問題であるのは、それだけ重宝とされただけに、大日方氏が示されているように写本は少なからず伝来しているが（同氏が挙げられた以外にも、古代出雲歴史博物館には写本が二本存在する。一本は近代の書写にかかる、岸崎と宏雄の序跋を伴う四冊本で、表題は『出雲風土記』。もう一本はやはり近代の書写本とみられるもので、序文を伴わず、表題は『出雲国風土記俗解鈔』。冒頭から秋鹿郡まで一冊の零本である。なお同氏が挙げられた中の「望月氏本」の書写者は、渡辺崋山と交友関係のあった江戸詰の松江藩留守居役、望月兎毛である）、遂に刊行されることがなかったため、それぞれによって情報に相違があることである。

私は以前松林寺宏雄が潤筆する以前と、潤筆した時点、その後の本人ないし書写者が手を加えた時点の三種を想定して一部を比較分析を行ったことがある（「杵築大社における「四至」認識と近世の新田開発―松江藩との湊原争論をめぐって―」島根県古代文化センター調査研究報告書三八『出雲国風土記の研究Ⅲ　神門水海北辺の研究（論考編）』二〇〇七年、島根県古代文化センター）。同様の問題は懐橘談についても言え、どこまでを編者の考えが反映したものであるか、あるいはどのテキストをもって編者の到達点とみなし得るのかが明らかでない基本的な問題がある。

古くから出雲国風土記研究の上で必須の注釈書とされながら、このような問題が潜むなかで、今回刊行する出雲歴博本は、来歴が明瞭であり、従来最良本とされた桑原家本と比較対校してみても前者が祖本にあたることから、岸崎の分析の到達点ではないかもしれないが、岸崎自筆本が新たに発見されるようなことでもない限り、数ある伝本の中で最も基準となる風土記抄であるということが出来るだろう。

＊追記、なお近年、高橋周氏が『出雲風土記抄』の一系統と位置づけられる『出雲国《（ママ）》風土記俗解鈔』について考察されている（『出雲弥生の森博物館研究紀要』第8集、二〇二〇年、所収）。併せて参照されたい。

島根県立古代出雲歴史博物館所蔵
影印　出雲風土記鈔（雲州風土記）
令和三年（二〇二一）三月三十一日
編集　島根県古代文化センター
〒六九〇-八五〇一
島根県松江市殿町一番地　島根県第三分庁舎
電話　〇八五二-二二-六七二七
発行　島根県教育委員会
印刷・製本　株式会社谷口印刷
〒六九〇-〇一三三
島根県松江市東長江町九〇二-五九

Printed in Japan
ISBN978-4-86456-373-4 C0021